Norbert Knapp

# Konsumentenwünsche & Lebenswelten

## Profilierungsstrategien für den grünen Markt

# Impressum

**HERAUSGEBER**

BLOOM's GmbH, Ratingen

www.blooms.de

**REDAKTION**

Marion Bauer

Hella Henckel (vwtl.)

**TRENDS / LEBENSWELTEN**

Marion Bauer (vwtl.)

Norbert Knapp

Klaus Wagener

**TEXTE**

Hella Henckel

Norbert Knapp

**FOTOS**

BLOOM's GmbH, Ratingen

**BILDREDAKTION**

Renate Haller

**ART DIRECTION**

Marion Hennig

**GRAFISCHE UMSETZUNG**

Annekatrin Gnamie

Carolin Troesser

**DTP**

Britta Baschen

Das Buch entstand in Zusammenarbeit mit

Das Werk ist urheberrechtlich geschützt. Jede Verwertung ist ohne Zustimmung des Verlages oder des Herausgebers unzulässig und strafbar. Das gilt insbesondere für Vervielfältigungen, Übersetzungen, Mikroverfilmungen sowie die Einspeicherung und Verarbeitung in elektronischen Systemen.

© 2008 BLOOM's GmbH
Am Potekamp 6
D-40885 Ratingen
Telefon: +49 2102 9644-0
Fax: +49 2102 896073
E-Mail: info@blooms.de
www.blooms.de

**ISBN** 978-3-939868-87-3

# Inhalt

| | |
|---|---|
| 7 | **Einführung** |
| 11 | **Veränderungen im Konsumverhalten** |
| 17 | **Veränderungen im Angebotsverhalten** |
| 23 | **Basiswissen Lebenswelten** |
| 29 | **Die BLOOM's Lebenswelten** |
| 32 | Lebenswelt Prestige |
| 46 | Lebenswelt Modern |
| 60 | Lebenswelt Easy |
| 74 | Lebenswelt Tradition |
| 88 | Lebenswelt Joy |
| 103 | **Lebenswelten und Trends** |
| 109 | **Warenpräsentation im grünen Fachhandel** |

# Das sollen Sie zunächst wissen

**EINE KLEINE EINFÜHRUNG**

Die Einrichtung – Möbel, sowie alle Formen von Wohnaccessoires – ist kennzeichnend für das Lebensgefühl der jeweiligen Bewohner. Mal cool, mal locker ländlich oder z. B. auch imponierend exklusiv. Ergänzende Bestandteile des bestehenden Wohnumfeldes müssen deshalb hierzu passen. Je eher Menschen das Gefühl einer solchen Übereinstimmung haben, desto leichter fällt ihnen ihre Kaufentscheidung. Dies gilt sowohl für den Innen- als auch für den Außenbereich des Wohnens.

Der diesem Buch zugrunde liegende erste Gedanke ist deshalb eigentlich recht einfach: Durch die Zusammenstellung von Sortimenten und eine entsprechende Warenpräsentationen, die die Kunden in ihrem bevorzugten Wohnumfeld „abholen", lassen sich Umsätze bei dekorativen Wohnaccessoires mit hoher Wahrscheinlichkeit steigern. Es gilt also, entsprechende Lebenswelten zu definieren.

Der zweite Ansatz dieses Buches ist schon etwas ungewöhnlicher, nämlich die Überlegung, dass Blumen und Pflanzen letztlich auch nichts anderes als Wohnaccessoires sind. Und: Wenn dies so ist, müssten nicht auch bei diesen Produkten entsprechende Zuordnungen in die jeweiligen Lebenswelten vorgenommen werden?

Gelänge dies, so ließe sich hieraus eine entscheidende Weiterentwicklung für den gesamten grünen Markt herleiten. Neben der unbedingt notwendigen Qualität und Vielfalt der (grünen) Produkte käme vor allem im Hinblick auf die Kundenansprache – z. B. bei Werbung und Warenpräsentation – die Verbindung zu den jeweiligen Lebenswelten als weiterer Kommunikationsbestandteil hinzu. „Diese Produkte passen zu Dir", wäre die entsprechende Grundaussage. Gerade in der heutigen Zeit, in der die individuelle Kundenansprache immer wichtiger wird, könnten so neue Produkt-, Sortiments- und Vermarktungsstrategien für Blumen, Pflanzen und Accessoires entwickelt werden.

Wer hier Antworten und Lösungen finden will, muss mehr über die Menschen selbst, ihre Bedürfnisse und Wünsche wissen. Mit dem vorliegenden Buch haben wir den Versuch unternommen, etwas Licht in das Dunkel zu bringen und neben der unvermeidbaren Darstellung der theoretischen Grundlagen vor allem praktische Lösungsansätze für den grünen Markt erarbeitet. Hier sind viele bereits gewonnenen Erkenntnisse der Wissenschaft (Konsumentenforschung) im Spiel. Ein großer Teil der Ergebnisse und Schlussfolgerungen beruht aber auch auf unseren eigenen Erfahrungen und Überlegungen.

Im Ergebnis wird man vor allem über die Zuordnung von Pflanzen und Blumen in die verschiedenen Lebenswelten vielfach diskutieren können. Bitte beachten Sie dabei, dass wir diese – in einem Buch notwendigerweise begrenzte – Produktauswahl unter dem Gesichtspunkt „besonders passend" getroffen haben. Keinesfalls sind wir der Meinung, dass nicht auch Menschen, die anderen Lebenswelten zuzuordnen sind, diese Blumen und Pflanzen genauso schätzen und auch kaufen werden. Es geht hier also mehr darum, durch eine gezielte und individuelle Anspra-

che eine höhere Zustimmungswahrscheinlichkeit und damit bessere Verkaufsquoten zu erreichen.

Sollten Sie oder Ihre Mitarbeiter andere Zuordnungen für geeigneter halten oder weitere Blumen und Pflanzen als unverzichtbar in den jeweiligen Gruppen erachten, würden wir uns sehr freuen. Denn das hieße, dass Sie begonnen hätten, sich mit diesem Ansatz intensiv zu beschäftigen und damit auf einen neuen und aufregenden Weg zur Führung Ihres Unternehmens zu begeben.

Ein letzter, aber sehr wichtiger Hinweis: Blumen und Pflanzen sind und bleiben Massenprodukte. Vor allem in den Hauptverkaufszeiten ist deshalb ein massives Produktangebot unverzichtbar. Menschen wollen und müssen beeindruckt werden durch Farbenpracht und Blütenfülle. Produktpräsentationen in Lebenswelten bieten sich deshalb vor allem außerhalb dieser Stoßzeiten und/oder in Form von Zweitplatzierungen an, sowie generell in der werblichen Kommunikation. Wichtige Schritte also in eine kundenorientierte Zukunft.

Unser besonderer Dank gilt an dieser Stelle Landgard. Ohne die Unterstützung dieses Unternehmens hätten wir das Wagnis der Zusammenfassung unserer Erkenntnisse in einem Buch wohl nicht unternommen.

Viel Spaß beim Erarbeiten und Nachvollziehen der Inhalte. Die Mühe wird sich lohnen.

Norbert Knapp
BLOOM's GmbH Medien Marketing Events

Menschen wohnen nicht zufällig, sie richten sich gezielt, entsprechend ihrer Wünsche und Lebenseinstellung ein. Ob modern oder eher traditionell ist eine Frage des Lebensstils – egal, ob im Wohnzimmer oder auf der Terrasse.

Veränderungen im
# Konsumverhalten

KONSUMVERHALTEN

# Veränderungen im Konsumverhalten

## DER VERBRAUCHER, DAS (UN)BEKANNTE WESEN

Möchten Sie zu einer „Zielgruppe" gehören? Wahrscheinlich nicht. Weil Sie das Gefühl haben, dass man Sie durchschaut, dass man Ihre geheimen Wünsche und Sehnsüchte, Ihre Finanzen und Familienverhältnisse oder alle die Dinge kennt, die Sie als ganz privat ansehen. Oder weil Sie ganz einfach nicht mit vielen anderen in einen Topf geworfen werden möchten.

Was wie eine Einheitsmasse an Verbrauchern oder Einkäufern aussieht, die sich an einem Samstag durch die Einkaufsstraßen unserer Städte schieben, ist in Wirklichkeit eine differenzierte Masse unterschiedlicher Konsumenten mit unterschiedlichen, individuellen Konsum- und Lebensbedürfnissen. Den Käufer bzw. Verbraucher zu kennen, um ihn mit dem jeweiligen Warenangebot gezielter ansprechen zu können, ist eine wichtige Voraussetzung des erlebnisorientierten, erfolgreichen Angebotsverhalten.

Wenn dem so ist, dann gehören Sie schon zu einer Zielgruppe – nennen wir sie die Zielgruppenverweigerer. Oder positiv ausgedrückt, wir zählen Sie zu der Zielgruppe der Individualisten. Wenn Sie dann mit feinem Gespür einmal auf die Werbung achten, werden Sie schnell feststellen, dass man Sie schon im Visier hat: „Setzen Sie sich durch den Kauf unserer Produkte von anderen ab!" In diesem Tenor sind die Botschaften gehalten, die Sie, den Individualisten, zum Konsum anregen sollen.

Allerdings ist in den letzten Jahren das Geschäft für Industrie, Handel und Werbung immer schwieriger geworden. Denn das, was Verbraucher wollen, ist heute nicht mehr so einfach ein- und abzuschätzen wie in der Vergangenheit. Die ersten zwei Jahrzehnte nach dem letzten Weltkrieg dienten noch dem Wiederaufbau und der Versorgung der Bevölkerung mit dem Notwendigsten. Es waren die „Wirtschaftswunderjahre", in denen man sich wieder mit ein wenig Luxus und Komfort umgab. Das eigene kleine Häuschen, Möbel, Radios, Fernseher, Autos und Ferienreisen signalisierten: Uns geht es gut. Die Konsumwelt war noch überschaubar und in vielen Bereichen wurden die Grundsteine für große Marken gelegt, die zum Teil auch heute noch Bedeutung haben: z. B. Dr. Oetker, Coca Cola, Persil und VW. Der Verbraucher dankte der Industrie gute Qualität und ständige Innovationen durch Markentreue. Einmal Grundig, immer Grundig, war die Devise.

Doch die Veränderungen kamen schnell. Immer mehr Wohlstand breitete sich aus und das soziale Netz in Deutschland erlaubte selbst einkommensschwächeren Schichten ein Konsumverhalten, das vor dem Krieg noch eher Gutbetuchten vorbehalten war. Deutschland wurde zu einem riesigen Markt, auch für ausländische Anbieter. Immer mehr Auswahl, immer mehr Produkte standen zur Verfügung. Da reichte ein einfaches Konsumverständnis nicht mehr aus. Der Verbraucher musste sich mit mehr Details auseinandersetzen und wurde in der Folge erfahrener. So schnell wie früher glaubte niemand mehr den Werbeversprechen und auch die Markentreue ging stetig zurück.

Parallel zu dieser Entwicklung vollzog sich der gesellschaftliche Wandel. Die späten 60er Jahre „trieben den Muff aus den Talaren". Die neue Bildungspolitik sorgte für steigende Abiturientenzahlen und überfüllte Hörsäle. Mehr Wissen, mehr Reisen und mehr Kommunikation schufen ein neues Selbstbewusstsein vor allem in der so genannten Mittelschicht. Wollte man hier in den Jahrzehnten zuvor um keinen Preis aus der gesellschaftlichen Norm fallen, ging es jetzt darum, sich mehr und mehr Freiräume für das eigene Leben zu schaffen.

Heute: Mit dem Internet brechen alle Dämme. Jede nur denkbare Information steht plötzlich jedem zu jeder Zeit zur Verfügung. Google und Ebay gehören zu den bedeutendsten und reichsten Konzernen der Welt. Der Wandel von der Industriegesellschaft zur Informations- oder Wissensgesellschaft ist vollzogen.

Das World Wide Web, mit Ebay, Google und anderem hat das Konsumverhalten nachhaltig verändert. Die Märkte rücken näher, jeder kann jedes jederzeit erwerben – das Internet-Kaufhaus und das Shopping via Computer machen's möglich. Selbst Blumen können per Mausklick bestellt werden – Lieferung innerhalb weniger Stunden an jede gewünschte Adresse.

Doch noch immer stehen wir, die Verbraucher, im Fokus des Interesses von Industrie, Handel und Werbung. Wen sonst sollte man auch mit all diesen wunderbaren Innovationen beglücken? Doch wer sind „wir"? Schwört der eine auf feinstes Rindersteak aus Argentinien, schüttelt es den Vegetarier schon allein beim Gedanken daran. Kommt für den einen der Strom einfach nur aus der Steckdose, setzt der andere auf die eigene Dach-Solaranlage. Mögen es manche zu Hause ganz gemütlich, bevorzugen andere einen kühlen Wohnstil, wieder andere lieben es pompös.

Die Konsumentenforschung sagt heute: „**Den** Verbraucher gibt es nicht." Man spricht von einer „Atomisierung" der Zielgruppen. Das heißt, ehemals

KONSUMVERHALTEN

Klassischer Edelmarken-Stil oder sportives Outfit? Verbraucher orientieren sich stärker als früher an Produkten, die ihrem momentanen persönlichen Lebensbild entsprechen. Tagsüber Klassik-Dress, abends und am Wochenende cashual. Solche diametral entgegen gesetzten Verhaltensweisen kann ein und derselbe Verbraucher zeigen. Geschäftsdarstellungen reagieren darauf, sie zeigen klar erkennbares Profil.

große (gleiche) Verbrauchergruppen zerfallen in immer kleiner werdende Einheiten mit ganz eigenen Wünschen und individuellen Vorstellungen. Dies gilt für alle Bereiche des Konsums, für Wohnen, Nahrung, Freizeit, Sport, Reisen und vieles andere mehr. Die Markentreue nimmt dabei zusehends ab. Bei Aldi zu kaufen, ist in allen Schichten der Bevölkerung gesellschaftsfähig geworden. Der „hybride" Verbraucher wählt morgens das preiswerte Discount-Angebot und speist abends beim Edel-Italiener oder gönnt sich einen Opernbesuch.

Die Veränderungen gehen immer schneller voran. Unabhängig vom jährlichen oder saisonalen Wechsel der Kollektionen, den es immer schon gab, können sich jetzt auch eigentlich beständige Vorlieben für bestimmte Produkte bzw. Marken oder Verhaltensweisen fast über Nacht ändern. Eine kurze Meldung im Internet, dass dieser oder jene Artikel durch Kinderarbeit entstanden oder z. B. umweltbelastet sei, kann zu einem weltweiten Nachfragestopp führen – ebenso, wie die Ereignisse des 11. September 2001 die globale Reisetätigkeit zumindest vorübergehend fast zum Erliegen gebracht haben.

Dabei ist die generelle Konsumlust prinzipiell immer noch ungebrochen. Wir sind, was wir kaufen, allerdings gebremst oder angetrieben durch generelle konjunkturelle Entwicklungen, die Sicherheit des Arbeitsplatzes und abhängig von äußeren Faktoren z. B. der Entwicklung der Energie- oder Gesundheitskosten. Um es mit Friedrich Engels zu sagen: „Das einzig Beständige ist der Wandel." Dies gilt heute mehr denn je zuvor. Und dennoch lassen sich einige Erkenntnisse für alle Marktteilnehmer, die ihr Geld vom Verbraucher bekommen, festschreiben:

- ✔ Verbraucher akzeptieren heute verstärkt die Produkte, die ihrem persönlichen Lebensbild entsprechen.

- ✔ Die Ansprüche an moralisch und ökologisch einwandfreie Produkte steigen.

- ✔ Es herrscht eine hohe Preissensibilität. „Smart shopper" wissen ganz genau, wo sie was am günstigsten bekommen.

- ✔ Qualität wird auch heute noch gerne bezahlt. Diese kann sich vielschichtig darstellen, muss sich dann aber auch deutlich vom Massenangebot abgrenzen und vor allem das Bedürfnis nach Individualität befriedigen.

Es gilt der Satz:

**Menschen wollen nicht ein „Meer" an Produkten, sondern ein „Mehr" an Lebensqualität.**

Industrie und Handel versuchen stetig, sich auf diese Veränderungen einzustellen.

Veränderungen im
# Angebotsverhalten

ANGEBOTSVERHALTEN

# Veränderungen im Angebotsverhalten

## DER HANDEL IM WANDEL

Das Paradepferd der deutschen Konsumstätten, das gute alte Kaufhaus, stirbt einen schleichenden Tod. So verkaufte der frühere Karstadt-Konzern, heute Arcandor, ca. 70 seiner nicht mehr lukrativen kleineren Warenhäuser an einen englischen Investor. Die alte deutsche Kaufhausmarke „Hertie" wurde durch diesen Neuanfang wiederbelebt, allerdings: 2008 ging man in die Insolvenz. Auch wenn eine Rettung der Warenhaus-Kette gelingen sollte, signifikant ist diese Entwicklung allemal.

Verwundert reiben wir uns die Augen. Was ist passiert? Gerne haben wir in der Vergangenheit das umfassende Angebot des Warenhauses genutzt, bekam man dort doch fast alles. Aber Hand aufs Herz. Wann waren Sie denn zum letzten Mal dort? Und wie viel Geld haben Sie ausgegeben? „Eines für alles oder alle": Dies scheint fast die Todesformel für den traditionellen Einzelhandel zu sein. Wen wundert es deshalb, dass wir immer mehr Spezialanbieter finden. Angefangen von den Marken-Shops, als Stand-alone oder als Shop-in-the-Shop, bis hin zu unzähligen Läden, die Nischenmärkte bedienen. Riesige Shopping-Malls mit Hunderten von Anbietern boomen und ziehen jetzt sogar von der grünen Wiese in die Stadtzentren zurück. Hier findet sich dann auch fast für jeden irgendetwas, aber gut sortiert und von einzelnen Spezialisten präsentiert. Ein sorgfältig aufeinander abgestimmter Angebots-Mix für die unterschiedlichen Zielgruppen, von Experten zu einem großen Konsumtempel zusammengefügt. Eine wunderbare neue Einkaufswelt tut sich auf und wir nehmen sie so dankbar an, als hätten wir jahrelangen Mangel zu erleiden gehabt.

Das gute, alte Kaufhaus ist ein Auslaufmodell, Kunden suchen Geschäfte mit klarem Profil und vor allem Erlebniseinkauf.

Shoppingmalls, große Einkaufspassagen mit einer Vielzahl unterschiedlicher Einzelhandelsgeschäfte erleben einen Boom. Hier macht Shopping Spaß, Verbraucher mit ihren unterschiedlichen Konsumbedürfnissen werden angesprochen. Meist ergänzen Gastronomie und Entertainment, wie Eislauf- und Kegelbahnen, Theater und Kinos unterm gleichen Dach das Einkaufserlebnis.

Aber auch im Kleinen hat sich der Wandel längst vollzogen. Erinnern Sie sich noch an den deutschen Wochenmarkt z. B. der 60er Jahre? Frische Erzeugnisse aus der näheren Umgebung bildeten den Hauptbestandteil des Angebots. Heute finden wir hier bei Spezialisten unzählige Käsesorten aus französischen Landen oder der Schweiz, den Pata negra-Schinken aus Spanien, herrliche Gewürze aus der ganzen Welt. Wir schmecken, riechen, tasten, diskutieren und probieren. Und mit etwas Glück trinken wir während des Shoppings bei sonnigem Wetter mit guten Bekannten noch ein Glas Rotwein. Nicht, dass man diese Produkte nicht auch in einem gut sortierten Lebensmittelgeschäft bekäme. Aber hier auf dem Markt ist es doch etwas anderes.

Wurden wir als Kinder mit der Aufgabe zum Bäcker geschickt, ein Brot zu kaufen, ergänzte unsere Mutter diesen Auftrag allenfalls noch durch Hinweise wie Weißbrot, Vollkornbrot oder Schwarzbrot. Heute wird dieser Gang für den Nachwuchs zu einer fast unlösbaren Aufgabe. Wie sollten sich Kinder die extravagante Wunschliste der Familie z. B. bestehend aus Dinkelbrot, Kürbiskernbrötchen, Sesamkringel und Roggenstangen noch merken können? Der Bäcker ist längst vom Grundversorger zum Lifestylespezialisten geworden. Und das sogar in filialisierter Form.

Brot ist nicht gleich Brot. Darf es Mehrsaaten- oder lieber das doppelt gebackene Steinofen-Roggenbrot sein? Französisches Landbrot oder Eifeler Kümmelrund? Wer auf Spezialisierung und Vielfalt, gepaart mit echtem Bäckerei-Erlebnis und Qualitätseinhaltung nach dem Motto „Vom Bäckermeister empfohlen" setzt, und auch den angesagten Öko-Aspekt nicht vergisst, hat als Anbieter zur Zeit die Nase vorn.

Gleiche Veränderungen lassen sich bei Fleischern, Frisören, im Textil- und auch im Lebensmittel-Einzelhandel beobachten. Hier hat sich eine Vielzahl unterschiedlicher Geschäftskonzepte und Formate herausgebildet, die versuchen, den Ansprüchen unterschiedlicher Verbrauchergruppen gerecht zu werden. Bei den Betrachtungen der Entwicklungen im Einzelhandel spielen neben der fortschreitenden Spezialisierung vor allem Discounter und Online-Anbieter eine herausragende Rolle. Kein Land in Europa hat eine höhere Dichte an Verkaufsfläche pro Quadratkilometer als Deutschland. Da wundert es nicht, dass der Einzelhandel zunehmend Zuflucht in preisaktiven Angeboten sucht. Und kaum ein Produkt, das es nicht über das World Wide Web zu beziehen gibt. Selbst das Risiko des Datenmissbrauchs oder an betrügerische Internethändler zu geraten, hält Millionen von Verbrauchern nicht vom regelmäßigen Kaufen mit Hilfe dieses Mediums ab.

ANGEBOTSVERHALTEN

Gerade der Lebensmittel-Einzelhandel, Discounter und das Internet haben sich in den letzten Jahren erfolgreich im grünen Markt platziert und sind für den traditionellen Fachhandel heutigen Zuschnitts zu ernsthaften Wettbewerbern geworden. Betrachtet man diesen „Wandel im Handel" stellt sich die Frage, wie Blumenfachgeschäfte, Einzelhandelsgärtnereien und Gartencenter auf diese Herausforderung reagiert haben.

Zu einer umfassenden Detailanalyse bleibt an dieser Stelle zu wenig Raum. Insgesamt muss aber festgestellt werden, dass in den letzten Jahrzehnten kaum tief greifende Veränderungen im grünen Fachhandel zu verzeichnen sind, weder im Sortiments- bzw. Präsentationsverhalten, noch im Dienstleistungsangebot. Man setzt vornehmlich auf Masse, kreative Gestaltung nach eigenen Vorlieben oder betont die gärtnerische Qualität. Dagegen ist grundsätzlich natürlich nichts einzuwenden. Aber reicht das noch aus, um sich gegenüber weiteren Anbietern nachhaltig zu differenzieren? Die zahlreichen Betriebsaufgaben der jüngsten Vergangenheit – vor allem von Blumengeschäften und Einzelhandelsgärtnereien – sprechen im Hinblick auf die entsprechende Verbraucherreaktion eine deutliche Sprache.

Wo könnten bislang ungenutzte Zukunftspotenziale für den grünen Fachhandel liegen? Sicher ist vor allem, dass man in der Regel auf der Preisebene bei vergleichbaren Produkten mit den großen Discountern und Filialisten nicht wird mithalten können. Nur Qualität auf allen Ebenen wird für den Kunden den Fachhandels-Unterschied ausmachen. Qualität bezieht sich natürlich in erster Linie auf die pflanzlichen Produkte selbst, gilt aber ebenso

Pflanzen sind keine Nische der Spezialisten mehr. Als Massenware, zu günstigen Preisen, durchaus in guten Qualitäten sind sie auch beim Discounter im Angebot.

auch für Sortimentsbreite und -tiefe, für Gestaltungs- und Beratungskompetenz, für Wohlfühlatmosphäre im Geschäft und vieles andere mehr. Wer höhere Preise realisieren möchte, muss heute auch mehr bieten.

Vor allem aber wird es darauf ankommen, dem Kunden zu vermitteln, dass er oder sie im Fachhandel genau das bekommt, was seinem bzw. ihrem persönlichen Anspruch und Lebensgefühl entspricht. Kunden können und wollen heute nicht länger einfach bloß schematisch behandelt werden. Der Weg führt vom grünen Produktanbieter zum Berater für Geschenk- und Wohnideen.

Wer aber will was? Welche Zielgruppen wollen wie angesprochen werden? Da diese Fragen, wie bereits geschildert, die gesamte Konsumgüterindustrie und den daran angeschlossenen Einzelhandel betreffen, gibt es bereits eine Vielzahl von Untersuchungen und Veröffentlichungen zum Thema „Konsum- bzw. Konsumentenforschung". Die generelle Aussage lautet: Das Jahrhundert der Massen ist vorbei. Unsere Konsummärkte sind extrem entwickelt, wir leben in gesättigten Märkten. Wichtiger als das Produkt selbst wird deshalb zunehmend – auf der Suche nach Sinngebung – „Die Idee hinter dem Produkt".

Inwieweit diese Erkenntnis auch für den grünen Fachhandel von Bedeutung ist und welche praktischen Ergebnisse hieraus abgeleitet werden können, soll nachfolgend dargestellt werden.

Basiswissen
# Lebenswelten

LEBENSWELTEN

# Basiswissen Lebenswelten

## ICH KAUFE, WAS ICH BIN

Der Begriff der „Zielgruppe" wurde eingangs bereits erwähnt. Im Marketing versteht man hierunter eine bestimmte Menge von Marktteilnehmern, an die sich Werbung oder andere Kommunikationsformen eines Unternehmens richten, um Produkte gezielt verkaufen zu können.

Wie habe ich die vor mir stehenden Kunden einzuordnen? Sind sie modern oder eher prestige-orientiert und wertkonservativ eingerichtet? Suchen sie den fröhlichen Stimmungskick oder das perfekte Pflanzensortiment für die Terrasse? Verkäufer müssen ihre Kundschaft schnell einordnen können, um sie individuell auf ihre Bedürfnisse zugeschnitten beraten zu können. Das Basiswissen über Lebenswelten ist dabei unentbehrlich.

Welche Zielgruppen spricht der grüne Fachhandel an? Hier scheint es landauf landab gängige Meinung zu sein, dass als Zielgruppe alle Menschen angesehen werden können, die Blumen und Pflanzen lieben und einen entsprechenden Bedarf haben. Und das trifft ja für fast alle – zumindest weiblichen – Verbraucher zu. Schließlich weiß man aus jahrzehntelanger Erfahrung, was geht und was weniger nachgefragt wird. Offensichtlich ist man im grünen Facheinzelhandel deshalb der Auffassung, sich mit zeitraubenden Marketingfragen im Hinblick auf unterschiedliche Wünsche der verschiedenen Kundengruppen nicht intensiver beschäftigen zu müssen. Zu diesem Ergebnis kann man jedenfalls dann gelangen, wenn man die hauptsächlich von gärtnerischen Kriterien abgeleiteten Sortimentsstrukturen und Warenpräsentationen betrachtet.

Ob eine solche Ansicht in Zeiten branchenmäßiger Alleinstellung zumindest vertretbar war, muss an dieser Stelle nicht diskutiert werden. Heute aber, wo so genannte branchenfremde Wettbewerber vehement und erfolgreich versuchen, das Marktsegment Blumen und Pflanzen zu besetzen, scheint es für den Fachhandel nahezu unverzichtbar, den Verbraucher näher kennen zu lernen und sich durch eine entsprechend differenzierte Warenpräsentation bzw. Sortimentszusammenstellung abzugrenzen – ein wichtiger Baustein für den Fachhandel für eine erfolgreiche Wettbewerbsdifferenzierung.

Um diese Aufgabe bewältigen zu können, gilt es zunächst zu verstehen, wie Zielgruppen-Marketing funktioniert. Wer sich die Werbeblöcke im Fernsehen vor Augen führt, wird schnell feststellen, dass sich die meisten Spots an jeweils unterschiedliche, aber immer ganz bestimmte Gruppen von Menschen wenden, wie z. B. ganz allgemein an Männer, Frauen, Jugendliche oder Kinder.

Aber damit nicht genug. Angesprochen werden genauer z. B. die Geschäftsfrau ab 40, die unbedingt eine bestimmte Hautcreme braucht, oder der dynamische junge Manager, der ohne seinen BMW gar nicht auskommen kann.

Konsumprodukte eines Unternehmens sind also in der Regel auf ganz bestimmte Zielgruppen des Verbrauchermarktes ausgerichtet. So sieht dann eben auch die Werbung aus, durch die sich diese Gruppen besonders angesprochen fühlen sollen. Man versucht in der Werbung, das „Lebensgefühl" dieser Menschen, ihre Vorstellungen von sich selbst, ihre Wünsche und Sehnsüchte zu erfassen und entsprechend widerzuspiegeln. Das Versprechen lautet vereinfacht gesagt: „Wenn Du dieses Produkt kaufst, dann bist Du, was Du sein willst."

Zielgruppen können oft sehr eng gefasst sein und manchmal unendlich weit. Wer will schon nicht abnehmen oder nicht gesünder leben? Woher aber wissen Industrie, Handel und Werbung so viel über die Bedürfnisse der Menschen? Hierzu hilft die Marktforschung. Man analysiert Bevölkerungsgruppen und ihr Konsumverhalten. Die Ergebnisse werden später nach den jeweiligen für ein Unternehmen oder für ein Produkt relevanten Kriterien ausgewertet. Wo sich viele Gemeinsamkeiten ergeben, könnten Zielgruppen auszumachen sein.

Eher traditionell und vergleichsweise einfach erfolgt die Definition einer Zielgruppe über **soziodemografische** Merkmale, wie zum Beispiel Alter, Familienstand, verfügbares Haushaltseinkommen oder Wohnort. Ein anderer, aufwändigerer Weg führt über **psychografische** Merkmale, wie zum Beispiel Einstellungen und Werte, Vorlieben, Statusbewusstsein, ästhetisches Empfinden usw.

Soziodemografische Merkmale sind nicht unwichtig, reichen aber heute allein gesichert nicht mehr zur Definition von Zielgruppen aus. Nehmen wir beispielhaft die beiden Lebensgemeinschaften von Inge und Hans sowie von Katrin und Werner. Beide Paare haben jeweils zwei Kinder im gleichen Alter und wohnen im gleichen Stadtteil. Hans (42) ist Computerfachmann und verdient ca. 70.000 Euro im Jahr, Inge (38) ist Hausfrau und beschäftigt sich weitestgehend mit der Erziehung der Kinder. Katrin (35) und Werner (41) sind beide als Lehrer beschäftigt und verfügen zusammen ebenfalls über ein Haushaltseinkommen von 70.000 Euro.

LEBENSWELTEN

Die soziodemografischen Daten der beiden Paare ähneln sich also in starkem Maße. Haben sie deshalb automatisch auch die gleichen Wertevorstellungen, teilen sie Freizeitaktivitäten, bevorzugen sie einen ähnlichen Wohn- und Lebensstil? Verwenden sie Blumen und Pflanzen in gleicher Weise? Das muss nicht sein. Hans und Inge sind nämlich sehr modern eingerichtet und verfügen über einen nur kleinen Balkon. Pflanzen werden sehr pointiert eingesetzt, dürfen dann aber auch etwas kosten. Frische Blumen bringen allenfalls mal Gäste mit. Katrin dagegen könnte ohne ihren kleinen Garten gar nicht leben, verbringt hier viele Stunden und versucht, das kleine Häuschen so gemütlich und wohnlich wie möglich einzurichten. Fensterbänke sind gut gefüllt mit Topfpflanzen aller Art und auf der Terrasse blüht es im Sommer farbenprächtig.

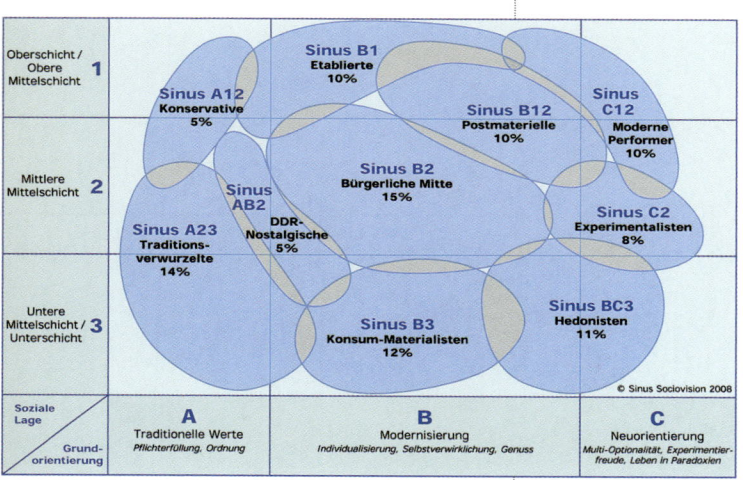

Das Diagramm der Zielgruppen-Verteilung der Sinus Sociovision GmbH.

Der SINUS SOCIOVISION GmbH ist ein anderer Blickwinkel auf Zielgruppen zu verdanken. Ende der 70er, Anfang der 80er Jahre versuchte man, Zielgruppen über so genannte Milieus neu zu definieren. Die Bevölkerung wurde im Hinblick auf gleiche Wertorientierungen und Lebensstile untersucht. So bahnbrechend dieser neue Ansatz auch war und immer noch ist, so wenig praktikabel für den grünen Markt ist die sehr differenzierte Unterscheidung in aktuell 10 Sinus-Zielgruppen/Milieus. Denn einerseits dürften sich bei der Verwendung und dem Einsatz von Blumen und Pflanzen Unterschiede in Wertorientierung und Lebensstil nicht so fein herausarbeiten lassen und andererseits wäre ein so vielfältiges Reagieren des grünen Fachhandels durch entsprechende Sortimente und Präsentationen auch rein praktisch kaum möglich.

Die Studie WOHNEN+LEBEN 6 aus dem Hause Gruner+Jahr (SCHÖNER WOHNEN/ESSEN & TRINKEN) differenziert in 15 deutsche Stil-/Wohnwelten. Auch diese Untersuchung liefert eine Vielzahl wichtiger Erkenntnisse. Für den praktischen Einsatz bzw. eine praktikable Umsetzung im grünen Markt gelten aber die selben Erkenntnisse wie bei den Sinus-Milieus: Zu fein unterschieden und damit in dieser Form für den grünen Fachhandel nicht nutzbar.

Was trägt die Dame, der Herr heute? Dieser Frage geht die Studie OUTFIT 5 (2002) aus dem Spiegel-Verlag nach. Jeweils sieben Modetypen werden hier für beide Geschlechter beschrieben. Da Kleidung viel über die Lebenseinstellung aussagt, sind auch diese Erkenntnisse durchaus von Bedeutung, lassen aber natürlich für sich alleine keine abschließenden Lebenswelten-Beschreibungen zu.

Mit der Zielsetzung, all diese Marktforschungsergebnisse für den grünen Fachhandel nutzbar zu machen, entwickelte BLOOM's unter der Bezeichnung „greenvision" durch eine Verdichtung der vorgenannten Studien und Ergänzung durch eigene Untersuchungen ab 2004 ein eigenständiges, ständig verfeinertes Lebenswelten-Modell, das insgesamt fünf Zielgruppen beschreibt.

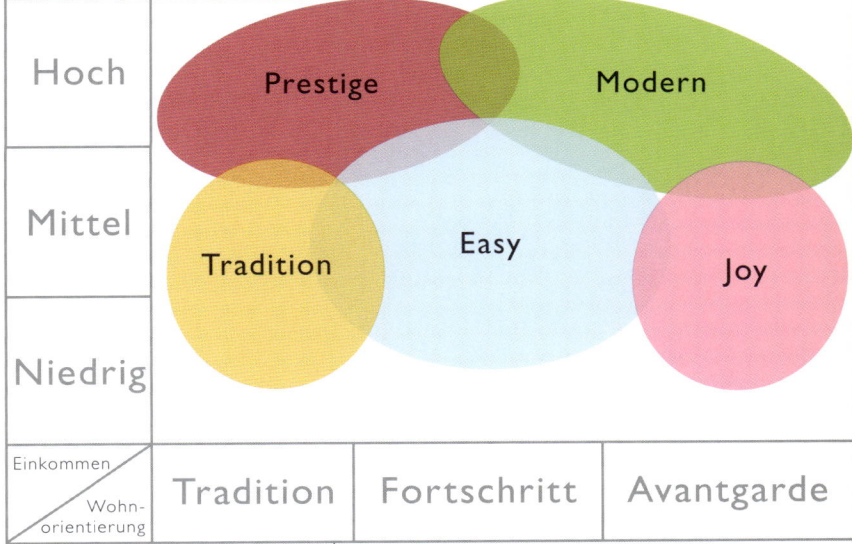

Das Diagramm der Lebenswelten-Einteilung der BLOOM's greenvision.

### Die BLOOM's greenvision Lebenswelten

**Prestige:**  Die Lebenswelt für anspruchsvolle Genießer
**Modern:**  Die Lebenswelt für ausdrucksvolle Individualisten
**Easy:**  Die Lebenswelt für unkomplizierte Optimisten
**Tradition:** Die Lebenswelt für liebevolle Bewahrer
**Joy:**  Die Lebenswelt für unkonventionelle Stilmixer

Im folgenden Kapitel möchten wir Ihnen die BLOOM's-Zielgruppen und ihre Wohn- und Gefühlswelten ebenso vorstellen, wie dazu passende Schnittblumen, Zimmer- und Freilandpflanzen sowie Gefäße und Accessoires.

von links:
Prestige, Modern, Easy, Tradition, Joy

# Die BLOOM's
# Lebenswelten

# BLOOM's greenvision

## DIE LEBENSWELTEN FÜR DEN GRÜNEN FACHHANDEL

Zielsetzung der Entwicklung der BLOOM's greenvision Lebenswelten ist die Erarbeitung einer praxisgerechten Grundlage zur Entwicklung und zur Zusammenstellung von Sortimenten für den grünen Fachhandel. Gleichermaßen ergeben sich hieraus auch praktische Denkanstöße für die Präsentation von Produkten und Themen.

Weder dem Blumenfachhandel noch Einzelhandelsgärtnereien oder Gartencentern wird es möglich sein, sich z. B. wie der Textileinzelhandel auf einzelne Lebenswelten zu spezialisieren. Durchaus denkbar erscheint es aber zumindest, im Rahmen der Präsentation von verschiedenen Sortimenten diese klar und für den Verbraucher eindeutig erkennbar auf unterschiedliche Lebenswelten auszurichten. Beispiele hierfür sehen Sie in dem Kapitel „Warenpräsentation im grünen Fachhandel!"

Wir möchten Sie aber an dieser Stelle noch auf einen bedeutsamen Punkt unseres Lebensweltenansatzes hinweisen: Wer verkürzt, vergröbert auch. Aus 10 Milieus (Sinus) oder 15 Stilwelten (WOHNEN+LEBEN) 5 Lebenswelten (BLOOM's) zu formulieren, setzt sich immer der Gefahr der Verallgemeinerung und der Kantenunschärfe aus. Dieses Risiko sind wir bewusst eingegangen. Denn für BLOOM's stand der Gesichtspunkt der praktikablen Umsetzung im grünen Fachhandel im Vordergrund.

Auf ein noch dünneres Eis begibt sich, wer den Lebenswelten bestimmten Blumen oder Pflanzen zuordnet, so, wie wir es getan haben. Beim Blumen- oder Pflanzenkauf spielen viele Faktoren bei der Auswahl mit, die sich außerhalb des Lebensweltenansatzes bewegen: Symbolik, Tradition, Erfahrungen hinsichtlich Haltbarkeit, Wuchs und Blühverhalten.

Man wird deshalb auch keinesfalls behaupten können – und das wollen wir auch nicht – dass die BLOOM's-Zuordnungen mit wissenschaftlich genauer Beweiskraft zu unterlegen wären.

Das BLOOM's-Team ist aber allerdings der Auffassung, dass die ausgewählten Blumen und Pflanzen besonders gut zu den beschriebenen Lebenswelten passen und sich entsprechend überzeugend in die jeweilgen Verkaufspräsentationen einfügen lassen. Insofern geht es uns hierbei hinsichtlich der Verbraucheransprache nicht um Bedarfsdeckung, sondern um Bedürfnisweckung. In einen Lebensweltenaufbau gehören deshalb neben den Produkten auch immer zur Unterstützung visuelle und/oder verbale Signale.

# LEBENSWELT PRESTIGE

# Die Lebenswelt
# für anspruchsvolle Genießer

Man will es rundum schön haben, für sich und sichtbar für Außenstehende. Ob edles Landhaus, klassisch elegant oder betont stilvoll, hier herrscht Ordnung. Alles hat seinen Platz, alles ist bewusst auserlesen, man liebt es besinnlich. Doch alles ist gediegen, wertorientiert, man hat Ansprüche und kennt sich aus. Man wählt betont markenorientiert mit dem sicheren Gespür für das Besondere. Kompromisse gibt es dabei nicht. Alles muss echt sein, angefangen von der kleinen Antiquität, übers Auto bis hin zur Kleidung. Die anspruchsvollen Genießer sind verbindlich, fleißig und strebsam. In der geräumigen Garage schätzt man die exklusive Limousine bekannter deutscher Automobilmarken. Man ist gebildet, liebt den gepflegten, gesellschaftlichen Umgang, feiert gerne sich und die erreichten Erfolge. Schließlich ist und war man strebsam, eine vorbildliche Karriere und gesellschaftliche Anerkennung sind die „Musts", die es nach harten Jahren des Aufbaus nun zu genießen gilt.

LEBENSWELT PRESTIGE

## So wohnen anspruchsvolle Genießer

Man trifft sich beim gepflegten Sport, sei es Tennis, Golf und Reiten, spricht über Wein und gutes Essen, tauscht sich über die neuesten Restaurant-Entdeckungen und Whisky-Marken aus. Man gönnt sich den Rundum-Wohlfühl-Urlaub im Wellness-Hotel in den Kitzbühler Alpen oder in Heiligendamm an der Ostsee und zum Hochzeits-Jubiläum auch die Mittelmeer-Kreuzfahrt. Im gepflegten Garten setzt sich das stilvolle Leben fort. Man spart an nichts, denn man ist was man hat und das wird gezeigt. So steht das Gartenmobiliar dem anspruchsvollen Wohnraum-Interieur in warmen, gemütlichen Farben in nichts nach. Hier wie dort, das Sofa ist weich und bequem und mit dicken Kissen belegt. Ganz dem Salonstil nacheifernd, geben wertvolle und schöne Accessoires mit Stil und Charakter dem perfekt gestylten Wohnraum Wärme und Wertigkeit. Man liest Anspruchsvolles vom Politmagazin bis zu teuren Hochglanzmagazinen.

Im Regal steht Rilke bis Brockhaus. Und zur geistig anregenden Lektüre genießt man eine duftende Tasse Tee – ganz im Stil der Reichen und Adeligen.

LEBENSWELT PRESTIGE

# Das grüne Lebensumfeld der anspruchsvollen Genießer

Pflanzen sind ein wesentlicher Teil der Innenraumgestaltung und der Beschäftigung. Alle Pflanzen, mit denen sich der anspruchsvolle Genießer umgibt, sind bewusst ausgesucht und werden dementsprechend wert geschätzt. Vor allem besondere, fremdländische und mediterrane Blütenpflanzen, wie Orchideen, stehen hoch im Kurs. Oft legt die Frau des Hauses ihre ganze Leidenschaft in das Hegen und Pflegen der Blütenschönheiten. Als Vorbilder dienen prachtvolle Wintergärten sowie die parkähnlichen Gärten herrschaftlicher Anwesen. Wichtig dabei sind die zum Interieur passenden Gefäße, die schon mal aufwändige Dekore, besondere Materialen und Formen aufweisen dürfen. Standards werden abgelehnt, dafür sucht man stets das Besondere und Hochwertige.

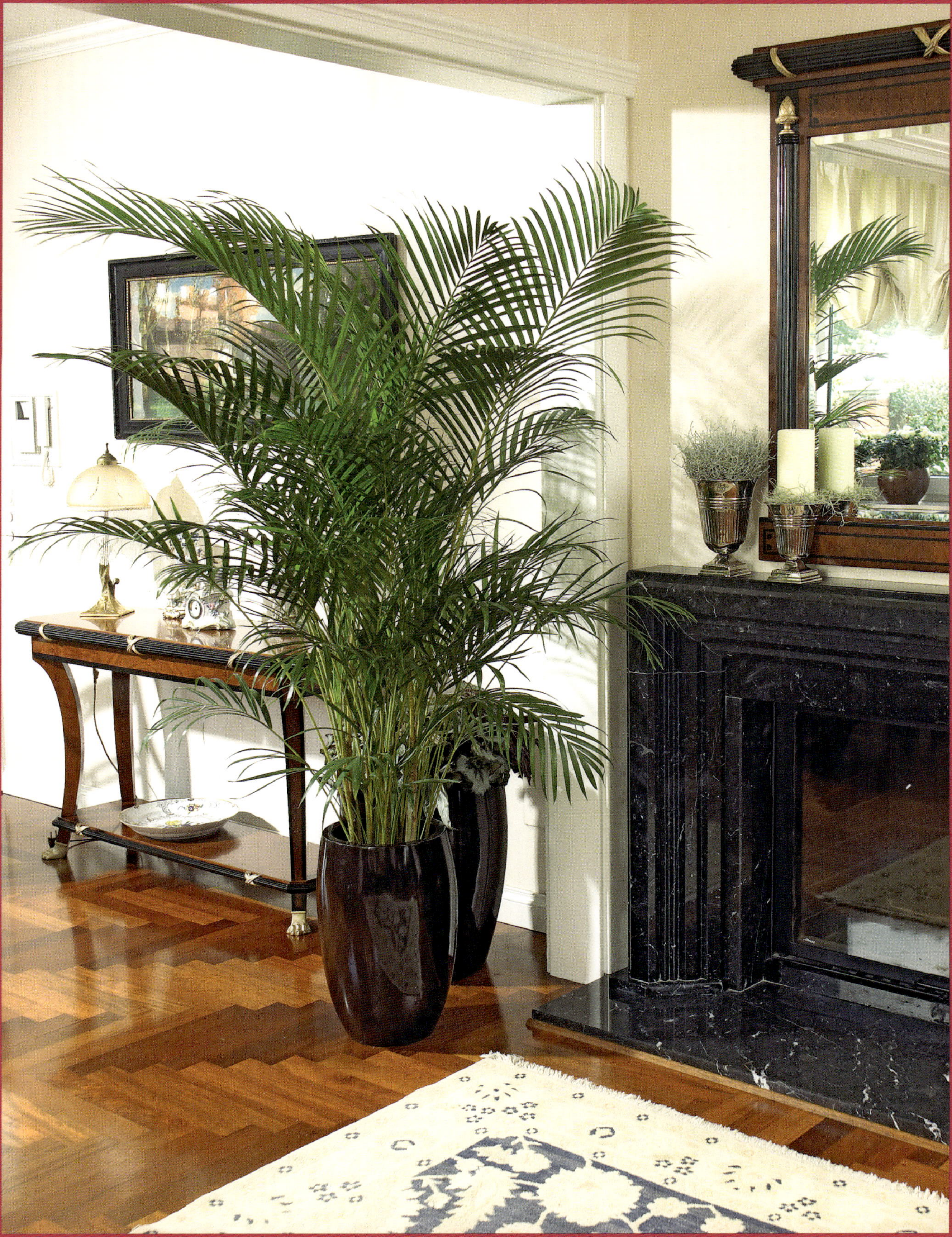

LEBENSWELT PRESTIGE

# Ihre möglichen grünen Begleiter

## DIE SENSIBLEN EDLEN

Bei den Pflanzen-Connaisseurs sind sensible Pflanzen die rechte Herausforderung, denn man definiert sich über den besonderen „grünen Daumen". Es sind Pflanzen mit Wintergarten-Anspruch; gelegentlich formbar.

*Camellia japonica* – Kamelie

*Gardenia augusta* – Gardenie

*Passiflora caerulea* – Passionsblume

*Rhododendron simsii* – Azalee

*Medinilla magnifica* – Medinille

## DIE BLÜHENDEN SCHÖNHEITEN

Pflanzen mit schönen, wertigen Blüten, manchmal mit Duft.

*Oncidium Cultivar* – Oncidie

*Cymbidium Cultivar* – Kahnorchidee

*Hydrangea macrophylla* – Hortensie, Bauernhortensie

*Paphiopedilum Cultivar* – Frauenschuh, Venusschuh

*Rosa Cultivar* – Topfrose

*Dendrobium bigibbum* – Dendrobie

*Chrysalidocarpus lutescens –*
Goldfruchtpalme, Areca

## DIE ELEGANTEN REPRÄSENTATIVEN

Pflanzen, die etwas hermachen, von ihrem Habitus her und/oder aufgrund ihrer besonderen Blätter, was meist auch mit einer stattlichen Größe einhergeht.

*Araucaria heterophylla –*
Zimmertanne, Araukarie

*Cissus antarctica –*
Känguruhwein

*Calathea rufibarba –*
Korbmarante, Blattmarante

*Caryota mitis –*
Fischschwanzpalme

*Monstera deliciosa –*
Fensterblatt

LEBENSWELT PRESTIGE

# Beliebte blühende Begleiter

**Beliebte Blüten:
Die edlen Prächtigen**

- *Antirrhinum majus* – Löwenmaul
- *Aquilegia caerulea* – Akelei
- *Clarkia amoena* – Godetie
- *Consolida ajacis* – Rittersporn
- *Curcuma alismatifolia* – Safranwurz
- *Cymbidium Cultivar* – Kahnorchidee
- *Dianthus barbatus* – Bartnelke
- *Digitalis purpurea* – Fingerhut
- *Fritillaria imperialis* – Kaiserkrone
- *Helleborus orientalis* – Nieswurz
- *Hydrangea macrophylla* – Hortensie
- *Iris Cultivar* – Schwertlilie
- *Lupinus Cultivar* – Lupine
- *Paeonia lactiflora* – Pfingstrose

Der stets frische Blumenstrauß auf dem Sideboard oder dem Coachtisch muss sein! Man ist immer auf unvorhergesehenen Besuch eingerichtet, dazu gehört die repräsentative Blumenpracht in der Vase. Dabei legt man Wert auf eine blütenreiche, saisonale Fülle in warmen Farben. Im Winter sind es Orchideen oder aus fernen Ländern importierte Rosen, im Sommer die Fülle dessen, was die Natur mit Unterstützung der Gärtnerkunst hervorbringt. Da schwärmt man schon mal über die neuesten Schwertlilienzüchtungen, die hiesige Staudengärtnereien mit adlig klingendem Namen hervorgebracht haben. Oder begeistert sich auf den beliebten Garten-Events umliegender Schlösser über den Formenreichtum duftender Pfingstrosen, kunstvoll gezeichneter Schachbrettblumen oder nun auch im Sommer blühenden Nieswurz. Sie alle zieren dann auch, den Stillleben alter Maler gleich, die kostbaren Bodenvasen der begeisterten Blumen-Genießer.

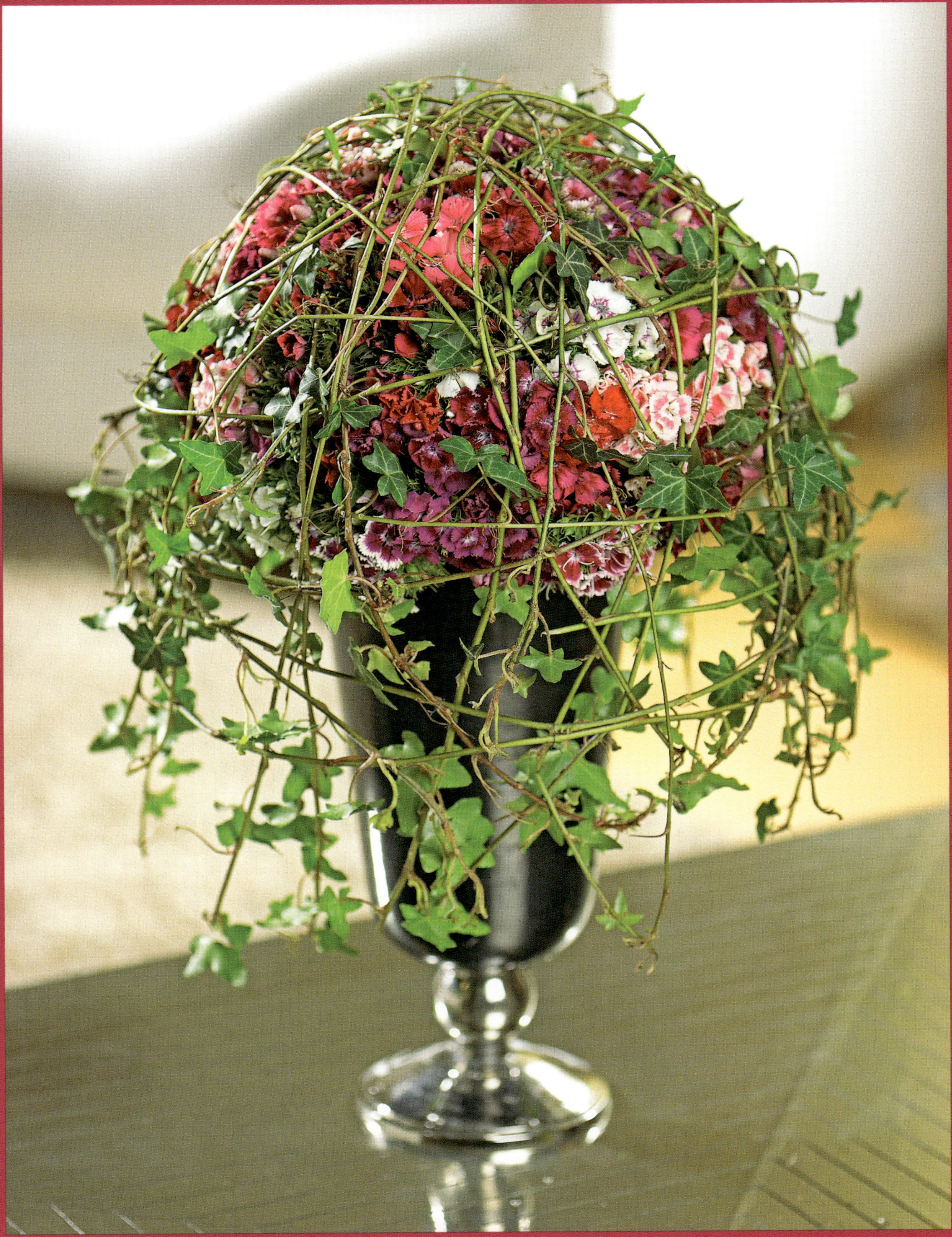

LEBENSWELT PRESTIGE

# Ihre attraktiven Outdoor-Begleiter

Passend zum gediegenen Interieur sind auch die Outdoor-Refugien gestaltet. Für die farbenreiche Kulisse präferiert man bequeme Möbel im luxuriösen Landhausstil. Sorgfältig ausgewählt, liebevoll gehegt und gepflegt im Bemühen, die reiche Blütenpracht zur vollen Entfaltung zu bringen. Man orientiert sich an adeligen und sogar königlichen Vorbildern wie Prinz Charles oder einer Freifrau von dem Bussche, die in ihren Gärten und Parks von Schlössern und Landsitzen Gartenlust und -leidenschaft zur Perfektion gebracht haben. Dazu gehört solides Arbeitsgerät, sei es der original englische Edelspaten oder die ledernen Gartenhandschuhe. Vom klassisch inspirierten Gartenornament, einer kleinen Steinskulptur bis zu den amphorenartigen Kübeln, edlen Körben und Kästen ist alles stilvoll aufeinander abgestimmt. Hochwertige Impruneta-Gefäße und gusseiserne Kübel präsentieren die pflanzlichen Prachtstücke aus der Wintergarten-Überwinterung oder jahrelang beschnittene Formgehölze.

43

LEBENSWELT PRESTIGE

# Ihre möglichen Outdoor-Begleiter

## PFLANZEN MIT BLÜTENPRACHT

Pflanzen, die durch viele und dichte Blüten in verschiedenen Rottönen auf sich aufmerksam machen.

*Solenostemon scutellarioides* –
Buntnessel (rötliche Variante)

*Impatiens walleriana* –
Fleißiges Ließchen

*Calibrachoa Cultivar* –
Kleine Hängepetunie

*Nicotiana x sanderae* –
Ziertabak

*Verbena Cultivar* –
Eisenkraut

*Salvia coccinea* –
Blutsalbei

## PFLANZEN MIT RÖTLICHEM LAUB

Pflanzen, die häufig ausschließlich über ihre Blätter in warmen, dunklen Farben zieren.

*Heuchera micrantha* –
Purpurglöckchen

*Oxalis triangularis* –
Glücksklee

*Houttuynia cordata* –
Houttuynie

## WINTERGARTENPFLANZEN

Kübelpflanzen, aus Orangerie und Wintergärten, sind Vorbilder.
Sie stehen im Sommer als Solitäre draußen.

*Olea europea* –
Olivenbaum

*Brugmansia Cultivar* –
Engelstrompete

*Canna indica* –
Indisches Blumenrohr

*Nerium oleander* –
Oleander

*Punica granatum* –
Granatapfel

*Thuja occidentalis* –
Lebensbaum

Im Wesentlichen repräsentieren blühende Pflanzen die Outdoor-Szenerie der repräsentativen Lebenswelt. Pflanzen, die etwas hermachen und eine gewisse Kostbarkeit darstellen, werden bevorzugt. Allen voran Pflanzen, die durch Überwinterung den Charakter von Solisten in Kübeln und Töpfen einnehmen können.

# LEBENSWELT MODERN

# BLOOM's greenvision
STYLE | TRADE | STORE

## DIE FARBEN 2009 FÜR DIE LEBENSWELTEN MODERN, EASY, PRESTIGE UND JOY

### urban people

| Pantone 440 C | Pantone 139 U | Pantone 576 U | Pantone 390 C | Pantone 108 C | Pantone cool gray 3 C | Pantone 4525 U | Pantone 580 U | creme cream | weiß white |

### best friends

| weiß white | naturweiß natural white | Pantone 113 U | Pantone cool gray 3 C | Pantone 380 C | Pantone 360 C | Pantone 355 C | Pantone 1795 C | Pantone 283 U | Pantone 466 U |

### modern royals

Akzente / shades: Pantone 571 U türkis turquoise, Pantone 216 U bordeaux burgundy

| reinweiß pure white | naturweiß natural white | Pantone 2707 U | Pantone 432 U | Pantone 5527 U | Pantone warm gray 5 U | Pantone 5245 U | Pantone 469 U | weißgold white gold | alt Silber oxidised silver |

### smart player

| weiß white | Pantone 285 C | Pantone 426 U | Pantone 3945 U | Pantone 1585 C | Pantone 1935 C | Pantone 219 U | Pantone 7510 C | Pantone 362 C | Pantone 463 C |

# Die Lebenswelt
# für ausdrucksvolle Individualisten

Das schöne Haus, die geschmackvolle Wohnung sind keineswegs Endstationen. Schon morgen können Beruf und Karriere einen Standortwechsel notwendig machen. Man repräsentiert eine dynamische Lebensweise, das aber mit Niveau und Anspruch. Man hängt nicht an den Dingen an sich, sondern an dem Gefühl, von Schönem umgeben zu sein – ganz egal, wo auf dieser Welt. Denn man redet mit. Eine exzellente Ausbildung, prägende Studien- und erfolgreiche Berufsjahre haben einen zum Weltbürger gemacht. Man ist dort zu Hause, wo man gerade sein Umfeld neu sondiert, sich Freunde geschaffen und sein Leben eingerichtet hat. Dieses präsentiert sich wertig, design-orientiert und/oder avantgardistisch, Hauptsache individuell. Denn eines will man in jedem Fall vermeiden: So zu sein wie die anderen.

LEBENSWELT MODERN

## So wohnen ausdrucksvolle Individualisten

Hochwertige Materialien, designtes Mobiliar und eher erlesene Einzelstücke prägen den Wohnstil der weltoffenen Individualisten. Man gibt sich kultiviert und intellektuell. Man pflegt die schönen Künste und verwirklicht sich durch das eine oder andere Kunstwerk. Allerdings: modern muss es sein, eher abstrakt als gegenständlich. Der Musikgeschmack kombiniert Klassik und Pop. Man ist offen für neue Technologien und Zukunftsweisendes, wenn auch Bauhaus und die Moderne deutlich Spuren hinterlassen haben. Neben den Annehmlichkeiten des Stadtlebens ist den „urban professionals" der eigene Bezug zu den Dingen wichtig. In der Doppelgarage steht das schicke Cabrio als Zweitwagen neben der Sportlimousine. Nach dem Arbeitstag relaxt man in der klaren und geordneten Atmosphäre zu Hause. Coole Materialien, klare reduzierte Formen, schlichte Oberflächen, nichts ist Schein, alles ist Sein. Authentizität ist das Stichwort, in dem Leder und Holz, Porzellan und Beton, Wolle oder Leinen in ihrer reinsten Form vorkommen und Einrichtungsgegenstände ihre technische Komponente nicht leugnen müssen. City-Nähe muss der Hotspot haben. Auf dem Couchtisch finden sich internationale Newspaper und die Trend-Gazetten. Den modischen Hochglanzmagazinen entnimmt man den zeitlos-schlichten Dresscode. Räumliche Leere gilt als Luxus, in der jedes Interieur den im klar zugewiesenen Platz erhält. Nicht mehr und nicht weniger, denn die wahren Werte tauscht man abends in der angesagten Bar bei Cocktail und Fingerfood aus.

LEBENSWELT MODERN

# Das grüne Lebensumfeld der ausdrucksvollen Individualisten

Pflegeleicht müssen sie sein und in jedem Fall genügsam. Das Leben in Downtown ist zu aufregend, als dass zeitaufwändiges Hegen und Pflegen hier im Vordergrund stände. Der grüne Daumen der modernen Großstadtnomaden erschöpft sich auf die bewusste Wahl der grünen Mitbewohner. Da darf es dann auch schon mal ein stolzes, raumprägendes Großexemplar sein. Kleines tritt mono in Menge auf. So findet sich schon mal ein Baumfarn oder skurrile Sukkulenten im metropolitanen Eigenheim, entscheidend ist einzig die Pflanzenpersönlichkeit. Die Gefäße sind schlicht, einfarbig, grafisch und ohne Muster. Neben Keramik und Glas spielt auch Metallenes aus Aluminium oder Edelstahl eine Rolle.

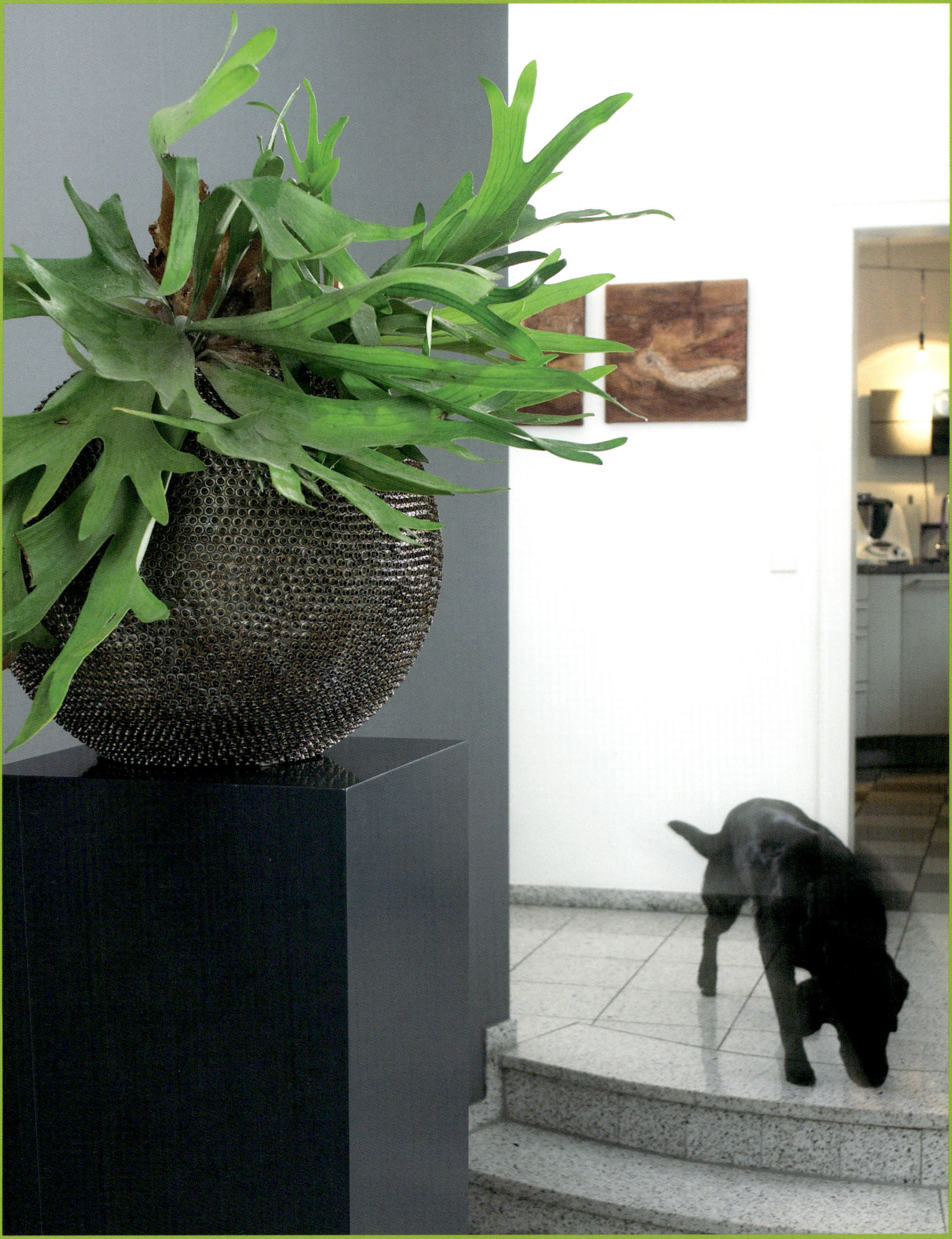

LEBENSWELT MODERN

# Ihre möglichen grünen Begleiter

## DIE COOLEN GRAUEN

Meist Pflanzen mit grün-grauen oder grünlich-weißen Blättern, die damit kühl und „weniger lebendig" wirken.

*Sansevieria trifasciata* – Bogenhanf, Sansevierie, Schwiegermutterzunge

*Agave victoriae-reginae* – Königsagave

*Alocasia sanderiana* – Pfeilblatt, Alokasie

*Kalanchoe beharensis* – Graue, Behaarte Kalanchoe, Filzpflanze

*Sedum morganiauum* – Schlangen-Fetthenne

*Ceropegia linearis subsp. woodii* – Hängende Leuchterblume

*Euphorbia tirucalli* – Latex-Wolfsmilch

## DIE PFLEGELEICHTEN

Pflanzen, die ohne große Pflege eine gute Haltbarkeit und eine interessante Form, sukkulent, architektonisch oder grafisch, aufweisen.

*Aeonium arboreum* – Dickblattrosette, Aeonium

*Pachypodium lamerei* – Madagaskarpalme

*Cephalocereus senilis* – Greisenhaupt-Kaktus

*Zamioculcas zamiifolia* – Zamioculcas

## DIE FORMAKROBATEN

Pflanzen, die aufgrund ihrer besonders geformten Blätter oder ihres Stammes bzw. ihrer Wuchsform für Aufsehen sorgen.

*Beaucarnea recurvata* – Elefantenfuß, Klumpstamm, Ponyschwanz

*Cycas revoluta* – Japanischer Sagopalmfarn

*Platycerium bifurcatum* – Zweigabeliger Geweihfarn

*Zamia furfuracea* – Palmfarn

*Senecio rowleyanus* – Erbsen am Band

LEBENSWELT MODERN

# Beliebte blühende Begleiter

Ein bisschen hipp, ein bisschen stylisch. Wo die Zukunft ihren Anfang nimmt, ist Avantgarde schnell Normalität. Da dürfen auch die blumigen Dekorationsideen, die dem Leben kurzfristig Akzente geben, immer mal wieder anders sein. Zwar gehören auch die formbetonten Blüten dazu, wie Anthurie und Lilie, aber selbst als „normal" geltende Blüten wie eine Ranunkel wird stadtfein, wenn sie nur „anders" kombiniert wird.

Neben Form und Design spielt die Konsequenz in der Farbe mit. Die Gefäße sind klar und in schlichten Formen, aus glänzendem, glattem Porzellan oder Kunststoff oder nur in einfachen geometrischen Mustern. Typisch sind Beton, Holz und Glas.

**Beliebte Blüten: Schlichte, Stiel-zeigende Solitäre**

- *Agapanthus praecox* – Afrikanische Schmucklilie
- *Allium aflatunense* – Iranischer Blumenlauch
- *Angiozanthos Cultivar* – Kängurupfote
- *Anthurium andraeanum* – Anthurie
- *Delphinium Cultivar* – Rittersporn
- *Eremurus Cultivar* – Steppenkerze
- *Eucharis x grandiflora* – Herzenskelch
- *Eustoma grandiflorum* – Schönkelch
- *Iris x hollandica* – Iris
- *Ornithogalum thyrsoides* – Milchstern
- *Rosa Cultivar* – Edelrose
- *Zantedeschia elliottiana* – Kalla

55

LEBENSWELT MODERN

# Ihre coolen Outdoor-Begleiter

Ein leichtes Understatement zeigen die modernen Stadtnomaden auch in ihrer Outdoorgestaltung. Ob im Garten, auf der Terrasse oder dem großzügigen Balkon, hier bestimmt eher gradliniges, schlichtes Mobiliar ohne Muster oder Schnörkel und meist in klaren Uni-Farben das Ambiente. Die Bepflanzungen der grundsätzlich schlicht gehaltenen Kübel, Kästen oder Töpfe lassen eine zurückhaltende Eleganz und die Betonung von Form und Farbe erkennen. Die Materialien sollen authentisch wirken, so dominieren Stein, Beton, wertige Keramik, Holz und Metall. Wo die Farbe sich zurückhält, spielt die Form ihr Können aus. So finden sich Strukturpflanzen wie Gräser oder Blattpflanzen neben Blühendem, teppichartige Bodendecker vor monofarbiger Blütenkulisse. Eher Weniges, dieses dafür entschieden, ist das Motto, wo die Schlichtheit das Leitthema ist. Dabei auch Besonderes wie charaktervolle Wasserpflanzen in einem Betonbassin oder die langnadelige Konifere im coolen Terrazzogefäß.

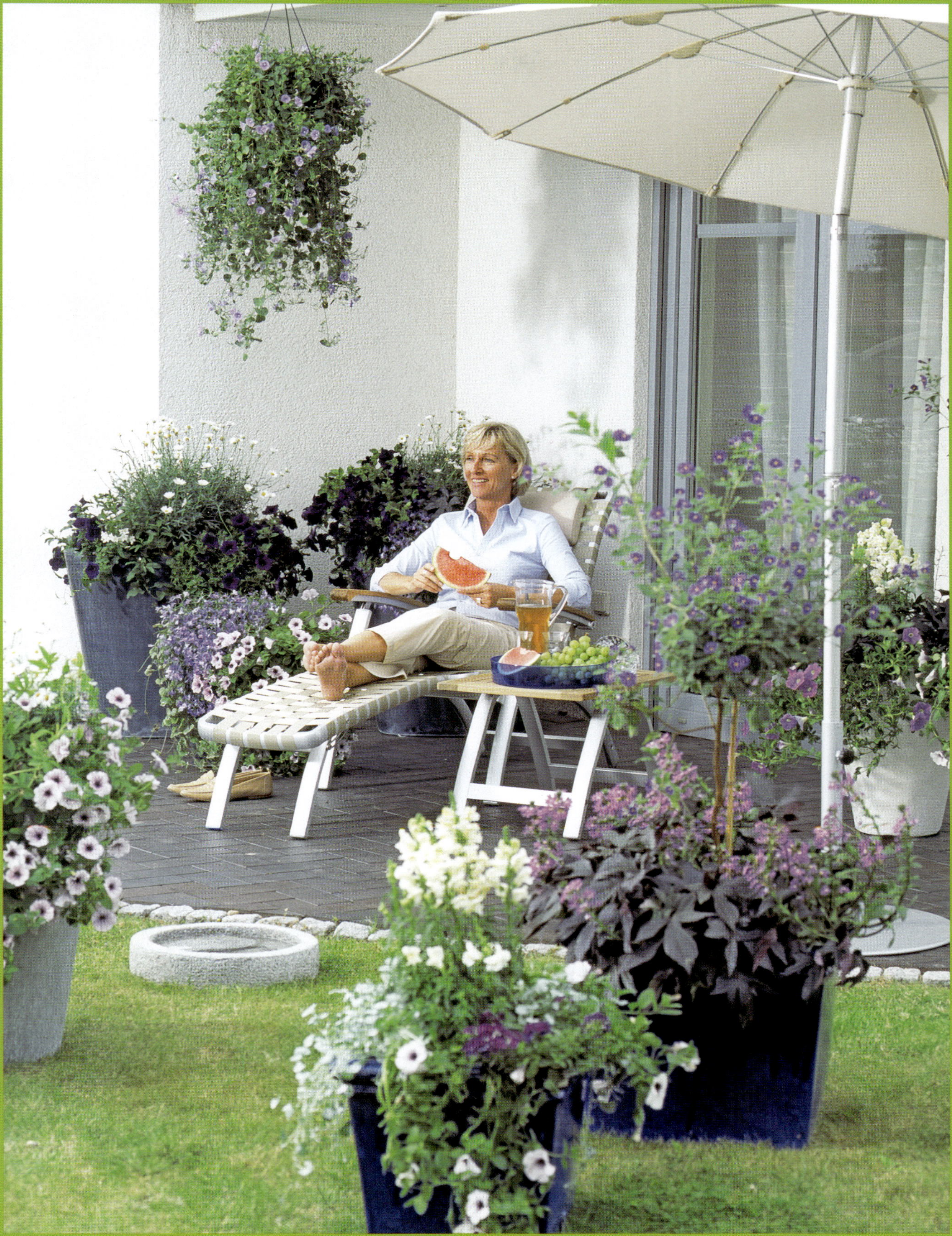

LEBENSWELT MODERN

*Sciadopitys verticillata* –
Schirmtanne

# Ihre möglichen Outdoor-Begleiter

**DEKORATIVE, GRÜN-GRAUE STRUKTURPFLANZEN**

Pflanzen in grau-grüner sowie grau-weißer Farbigkeit, die Struktur gebend wirken.

*Muehlenbeckia axillaris* –
Drahtstrauch

*Helichrysum petiolare* –
Lakritzstrohblume

*Santolina chamaecyparissus* –
Heiligenkraut

*Leontopodium alpinum* –
Edelweiß

*Hebe Cultivar* –
Strauchehrenpreis

*Leucophyta brownii* –
Drahtpflanze

**BLÜTENPFLANZEN IN KÜHLEN FARBEN**

Vorrangig blaue und weißblühende Pflanzen entsprechen dem modernen Charakter.

*Heliotropium arborescens* –
Vanilleblume

*Nemesia strumosa* –
Elfenspiegel

*Solanum jasminoides* –
Zier-Eierfrucht

*Scaevola saligna* –
Australische Fächerblume

*Delphinium Cultivar* –
Rittersporn

*Phygelius x rectus* –
Kapfuchsie

## PFLANZEN MIT BESONDEREM FORMCHARAKTER

Pflanzen in frischer grüner Farbigkeit und besonderen Wuchsformen. Dabei auch Gräser, Koniferen und Wasserpflanzen.

*Pennisetum alopecuroides* – Federborstengras

*Spartina pectinata* – Goldleistengras

*Alchemilla mollis* – Frauenmantel

*Buxus sempervirens* – Buchsbaum

*Chamaecyparis lawsoniana* – Scheinzypresse

*Eichhornia crassipes* – Wasserhyazinthe

Viele Outdoorpflanzen passen in die moderne Lebenswelt, sofern sie in einer gewissen mengenmäßigen Konsequenz zusammengestellt werden und farblich zurückhaltend bzw. monofarbig bleiben, oder eine interessante Form aufweisen. Bevorzugt sind die kühleren Farben wie Blau, Weiß/Creme-Grau oder Grün-Gelb.

# LEBENSWELT EASY

# Die Lebenswelt
# für unkomplizierte Optimisten

Das Leben ist schön, man ist optimistisch und immer auf der Sonnenseite des Lebens. Meist lebt man in einer klassischen Familie mit Kindern und oft auch mit Haustieren. Die Wohnung, das Reihenhaus oder ein kleines Häuschen auf dem Lande bilden den Rückzugsraum, in dem an sich wohl fühlt. Hier lebt man fröhlich und gesellig, vor allem ökologisch und gesund und in engem Kontakt auch mit der Nachbarschaft. Man ernährt sich bio-bewusst und selbstkochend. Man trinkt Bio-Limonade und der Kaffee ist fair gehandelt. Die Lebensmittel kauft man auf dem Markt, im Bauernladen oder im Reformhaus. Balkon oder Garten sind der erweiterte Lebensraum und stellen einen wesentlichen Teil der Freizeitgestaltung dar. Die unkomplizierten Optimisten gestalten ihr Leben bewusst, kleine Schicksalsschläge gehören dazu, doch man zerbricht nicht an ihnen. Jeder Tag hat seine Herausforderungen, die man beherzt annimmt, locker und zwanglos. Der Zweitwagen für die Ehefrau ist selbstverständlich, allein schon wegen der vielen Aktivitäten der Kinder.

LEBENSWELT EASY

## So wohnen unkomplizierte Optimisten

Unkompliziert, praktisch und locker hat man sich eingerichtet und in jedem Fall kindgerecht. Denn Kinder bestimmen die Lebensabläufe – und damit auch das Interieur. So orientiert man sich dort, wo das Notwendige preiswert und erschwinglich erscheint, die Bedürfnisse wachsen mit dem Zuwachs der Familie. Die Materialien sind pflegeleicht und praktikabel, Kunststoff beherrscht neben hellen Leichtholzmöbeln die Räume, mal uni, mal mit bunten fröhlich wirkenden Mustern. Hier lebt man gerne und intensiv. Man liebt den Hauch nordischer Ländlichkeit, alles wirkt wie bei den „Ferien auf Saltkrokan". Kleine handwerkliche Tätigkeiten und Reparaturen verrichtet man schnell selbst. Trotz gewisser Klarheit findet sich auch manches Relikt aus früheren Zeiten, denn die Studien- und Ausbildungsjahre liegen noch nicht lange zurück.

Bei Neuanschaffung entscheidet man sich eher für das Praktische, Rollos statt Gardine, das Schlafsofa statt ausladender Sitzlandschaft. Funktion dominiert das Design. Im Urlaub geht's zum Zelten und Kajakfahren oder ins Miethäuschen nach Dänemark, am Wochenende zum Picknick an den See und abends mal ins Kino oder zum Grillen zu Freunden. Die berufliche Perspektive ist viel versprechend. Und wenn die Kinder aus dem Haus sind, werden Sie und Er ihre Traumreise realisieren.

LEBENSWELT EASY

## Das grüne Lebensumfeld der unkomplizierten Optimisten

Pflanzen gehören zu den unkomplizierten Optimisten genauso dazu wie fröhliche Accessoires und bunte Bilder. Grünpflanzen hauchen den Räumen die gesunde Seele ein, bunte Blütenpflanzen wetteifern mit dem übrigen farbigen Interieur und der fröhlichen Betriebsamkeit dieser Familien. Beliebt sind Pflanzen, die auch von Kindern gehegt und gepflegt und vor allem beobachtet werden können. So lernen sie, dass der Sonnentau auch mit Fliegen zu füttern ist, oder wie leicht sich die „Henne mit Küken" vermehren lässt. Die Übertöpfe sind bunt, schlicht in der Form und manchmal – je nach Laune – in trendigen Farben kariert oder gestreift. Auch Naturoptik, wie Pflanzenfaser-Übertöpfe, passen sich dem freundlichen Heile-Welt-Lebensstil an.

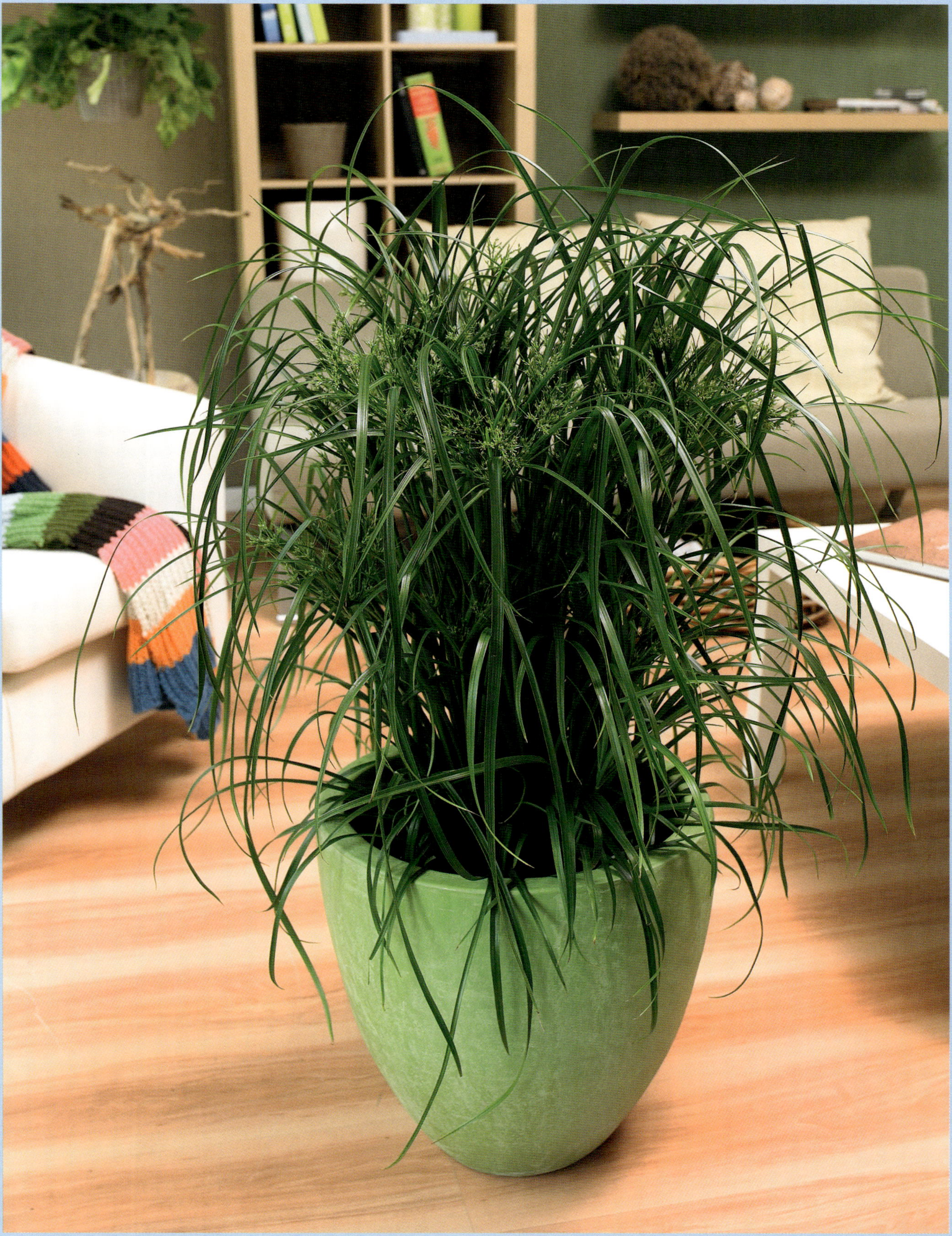

LEBENSWELT EASY

# Ihre möglichen grünen Begleiter

## DIE KUSCHELIGEN

Pflanzen mit weichen behaarten oder fiedrigen Blättern oder mit „weich" wirkendem Habitus.

*Sparmannia africana* –
Zimmerlinde

*Ficus pumila* –
Kletterfeide

*Muehlenbeckia complexa* –
Mühlenbeckie, Drahtstrauch

*Nephrolepis exaltata* –
Schwertfarn

*Pteris cretica* –
Kretischer Saumfarn

*Soleirolia soleirolii* –
Bubiköpfchen

## DIE KINDERLIEBENDEN

Pflanzen, die bei Kindern gut ankommen, z. B. wegen ihrer Fruchtformen, ihres lustigen und frischen Aussehens oder weil sie „pädagogisch wertvoll" sind.

*Tolmiea menziesii* –
Henne mit Küken

*Chlorophytum comosum* –
Grünlilie, Fliegender Holländer

*Dionaea muscipula* –
Venusfliegenfalle

*Solanum pseudocapsicum* –
Korallenstrauch

*Nertera granadensis* –
Korallenmoos

*Asplenium nidus* –
Nestfarn

*Ficus benjamina* –
Birkenfeige

## DIE FRÖHLICHEN BUNTEN

Pflanzen, die lange farbintensiv blühen, meist mit rundlichen, schmetterlingsartigen oder glockenförmigen Blüten.

*Browallia speciosa –*
Browallie, Veilchenbusch

*Exacum affine –*
Blaues Lieschen, Bitterblatt

*Mandevilla sanderi –*
Dipladenie

*Streptocarpus Cultivar –*
Drehfrucht

*Gerbera jamesonii –*
Gerbera

LEBENSWELT EASY

# Beliebte blühende Begleiter

**Beliebte Blüten:
Die runden Bunten**

- Amberboa moschata/Centaurea moschata – Flockenblume
- Anemone coronaria – Kronen-Anemone
- Argyranthemum frutescens – Strauchmargerite
- Calendula officinalis – Ringelblume
- Callistephus chinensis – Sommeraster
- Campanula medium – Marien-Glockenblume
- Centaurea cyanus – Kornblume
- Cosmos bipinnatus – Kosmee
- Gaillardia x grandiflora – Kokardenblume
- Leucanthemum x superbum – Garten-Margerite
- Nigella damascena – Jungfer-im-Grünen
- Ranunculus asiaticus – Ranunkel
- Scabiosa caucasica – Skabiose
- Zinnia elegans – Zinnie

Liebenswerte Sträußchen gehören bei den unkomplizierten Optimisten auf den Tisch. Man schenkt sich diese Muntermacher-Mitbringsel zum nachmittäglichen Mütter-Kaffeeklatsch oder anlässlich der Kindergeburtstagsfeier oder kauft sie sich auch schon mal selbst. Klein, bunt, ungestylt und ein bisschen an die selbst gepflückten Wiesensträuße von Kindern erinnernd. Rund und im fröhlich-heimischen Blütenmix stecken die Sträuße schon mal in einer Grastüte, sind von Blättern umgeben oder einfach nur mit einem Band umwickelt. Die Vasen weisen meist einfache, schlichte Formen auf, sind aus klarem Glas, Porzellan oder auch schon mal ganz hipp aus Kunststoff, mit Streifen-, Pünktchen- oder im Uni-Look.

69

LEBENSWELT EASY

# Ihre fröhlichen Outdoor-Begleiter

Der helle, fröhliche Stil setzt sich bei den Optimisten auch im Garten, auf dem Balkon oder der Terrasse fort. Hier spielt sich das sommerliche Outdoor-Leben – von den Schularbeiten der Kinder, übers abendliche Nachtmahl bis zum Tagesausklang der Eltern in nachbarschaftlicher Plauderrunde – ab. Dazu gehört eine blühende Augenweide, aber auch das eine oder andere Gemüse- oder Kräuterpflänzchen, von dem auch mal genascht werden darf. Selbst am Hauseingang begrüßt ein bunt bepflanzter Willkommensgruß die gern gesehenen Gäste. Bunte Blütenpracht rahmt den Sandkasten der Kinder, den Liegestuhl auf dem Holzdeck und die große Sitzecke. Einige Holz- und Terrakotta-Kübel, ansonsten Kunststoffgefäße oder eine Vielzahl an bepflanzten Töpfen schaffen einen unkonventionellen Bepflanzungsstil, in dem sich Kletter- wie Rankpflanzen neben den blühenden Stauden ein Stelldichein geben. Dass man gerne und häufig feiert, machen kindliche Accessoires, wie Lampions oder Sticker, dazu Windlichter und Fähnchen deutlich, die man ganz nach Lust und Laune einsetzt.

71

LEBENSWELT EASY

*Echinacea purpurea –*
Purpur Sonnenhut

# Ihre möglichen Outdoor-Begleiter

## BLÜHER MIT STRAHLIGEN BLÜTEN

Fröhliche Sommerblüher mit meist gelber Mitte und strahligem Blütenblätterkranz.

*Argyranthemum frutescens –*
Strauchmargerite

*Asteriscus maritimus –*
Sterngold

*Cosmos bipinnatus –*
Kosmee

*Brachyscome multifida –*
Blaues Gänseblümchen

*Felicia amelloides –*
Blaue Kap-Aster

*Osteospermum Cultivar –*
Kapkörbchen

## POLSTERARTIG WACHSENDE PFLANZEN

Pflanzen, die als niedrige Bodendecker mit gewisser Blütenmenge in frischen Farben gesegnet sind.

*Ageratum houstonianum –*
Leberbalsam

*Aubrieta Cultivar –*
Blaukissen

*Erysimum Cultivar –*
Goldlack

*Lobularia maritima –*
Duftsteinrich

*Saxifraga x arendsii –*
Polstersteinbrech

*Tagetes Cultivar –*
Studentenblume

## DIE LIEBEN RUNDEN

Pflanzen mit runden, oft gefüllten, ballförmigen Blüten in kräftigen Farben.

*Bellis perennis* – Tausendschön

*Zinnia elegans* – Zinnie

*Ranunculus asiaticus* – Ranunkel

*Centaurea cyanus* – Kornblume

*Calendula officinalis* – Ringelblume

Alles was farbig und fröhlich wirkt, und was sich mit einem familienorientierten Outdoorleben verbindet, ist hier angesagt. Gern und unkompliziert wird kombiniert, eine Pflanze wird „easy" durch das Zusammenspiel oder durch entsprechende Accessoires oder Gefäßmaterialien.

# LEBENSWELT TRADITION

# Die Lebenswelt für liebevolle Bewahrer

Ordnung ist wichtig, alles hat seinen Platz. Man selbst auch, innerhalb der Gesellschaft, der Nachbarschaft, im Skatclub oder am Stammtisch. Man hat was erreicht, das Leben geht seinen Gang und man lebt geregelt, ohne große Aufs und Abs. Das große Schützenfest einmal im Jahr oder die Hochzeit der Tochter stellen die Höhepunkte im Jahr und im Leben dar. Darauf freut man sich, schließlich hat man hierfür gerackert und lange genug auf das Festkleid gespart. Ansonsten geht man gemütlich seinen Weg, morgens und abends mit dem Hund. Man ist beliebt, angesehen und integriert. Der Beruf ist Selbstverständlichkeit, hier ist man verlässlich und strebsam. So hat man es auch zu etwas gebracht, zu einer schönen Wohnung, einem netten Reihenhaus, das man liebevoll pflegt. Und in der Garage steht eine Mittelklasse-Limousine auch für die Fahrten übers Land am Wochenende. Man genießt das, was mit eigenen Händen geschaffen hat und ist stolz darauf.

LEBENSWELT TRADITION

## So wohnen liebevolle Bewahrer

My home is my castle – so hat man sich eingerichtet. Jedes Teil ist liebevoll platziert. Da findet das Erbstück ebenso seinen angesehenen Platz wie der neue, gemütliche Fernsehsessel, den man sich endlich geleistet hat. Überm Sofa mit den selbst bestickten Kissen hängt das Kunstwerk, auf das man so stolz ist. Schön und im Goldrahmen, eine Landschaft in Öl. Man dekoriert gerne und immer mal wieder anders, alles immer perfekt aufeinander abgestimmt, was der ganze Stolz der Hausfrau ist. Dabei viele Accessoires, beispielsweise auf dem Beistelltischchen oder dem Fernseher: Der gedrechselte Kerzenleuchter neben dem neuen Silberschälchen. Man kauft gerne und viel, passt es ins Interieur ein und präsentiert es beim sonntäglichen Nachmittagskaffee mit selbstgebackener Torte. Dafür ist man bekannt im Freundeskreis, für die gute Küche, am Wochenende gibt's Braten und Nachtisch.

Man kleidet sich stets sauber und adrett. Auf der Kommode stehen die Karten mit Urlaubsgrüßen der Nachbarn neben den gerahmten Portraits der ganzen Familie. Die Kuckucksuhr wird jeden zweiten Tag aufgezogen, und das seit Jahrzehnten. Man plant den nächsten Urlaub im Tirol und vielleicht ein paar Tage in Bad Zwischenahn. Neben der Fernsehzeitung liegt das Rätselheft und das Sammlermagazin, denen man neben dem abendlichen Fernsehschauen Beachtung schenkt. Und ab und zu gönnt man sich einen abendlichen Plausch beim Bierchen in der Gastwirtschaft von Heinz um die Ecke.

LEBENSWELT TRADITION

# Das grüne Lebensumfeld der liebevollen Bewahrer

Auf der Fensterbank hinter der Gardine im Wohnzimmer, aber auch im kühlen Schlafzimmer, im Flur und in der Küche. Überall stehen die pflanzlichen Begleiter, allesamt adrett in passendem Übertopf. Mal die Salzglasur-Keramik, mitgebracht aus dem Urlaub in der Achtzigern, mal der polierte Messingtopf, ansonsten die bunten, neuen Gefäße und Übertöpfe mit schönen Mustern und Ornamenten. Die blühfreudige Clivie stammt noch von den Eltern und macht sich beharrlich auf der Anrichte breit. Der Philodendron ist ebenso treu und unverwüstlich und heiß geliebt. Man reibt regelmäßig die Blätter glänzend, zupft Verblühtes ab und bringt manch kümmerndes Pflänzchen mit täglicher Pflege wieder zur begeisternden Blüte. Der ganze Stolz: Die Königin der Nacht, die einmal im Jahr das Ereignis in der Nachbarschaft ist!

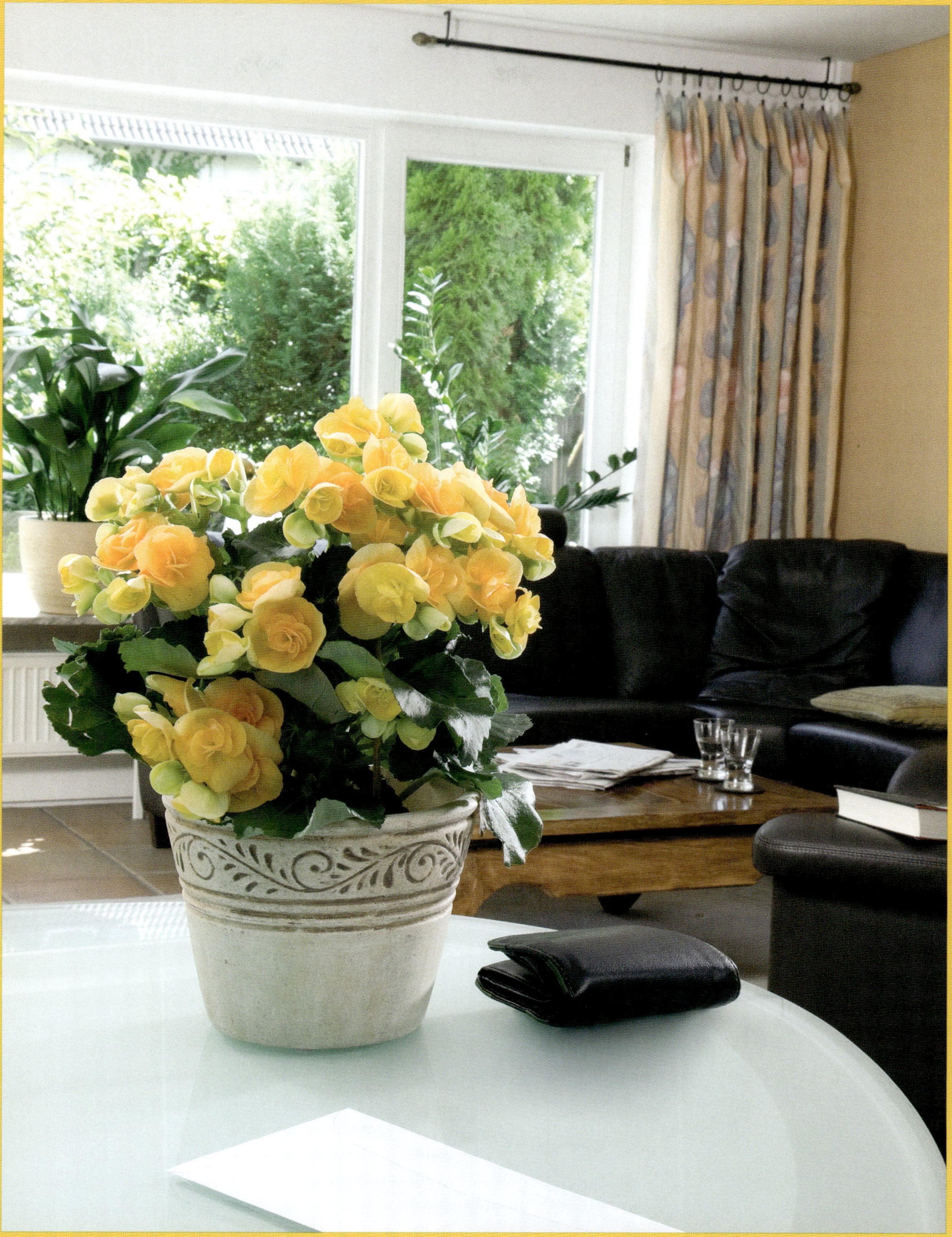

LEBENSWELT TRADITION

# Ihre möglichen grünen Begleiter

**DIE UNVERWÜSTLICHEN TREUEN**

Pflanzen, die jahrzehntelange Hege und Pflege mit langem Leben danken und mit den Jahren zu stattlicher Größe heranwachsen.

*Sinningia Cultivar –*
Gloxinie

*Aechmea fasciata –*
Lanzenrosette

*Aeschynanthus speciosus –*
Sinnblume, Schamblume

*Schlumbergera x hickleyi –*
Gliederkaktus

**GROSSMUTTERS SCHÄTZCHEN**

Pflanzen, die verlässlich und mit großer Blütenfülle blühen und durch ihre Blütenpracht Freude bereiten. Oft seit Generation weitervererbte Pflanzen.

*Anthurium andraeanum –*
Große Flamingoblume, Anthurie
(rote Sorten)

*Begonia –*
Schiefblatt, Blütenbegonie

*Euphorbia x lomi –*
Christusdorn, Dornenkrone

*Kalanchoe blossfeldiana –*
Flammendes Käthchen

*Saintpaulia ionantha –*
Usambaraveilchen

*Cyclamen persicum –*
Alpenveilchen

## DIE GRÜNEN FREMDEN

Blattpflanzen, die aufgrund ihrer Pflegeleichtigkeit dankbar sind.

*Spathiphyllum wallisii* – Blattfahne, Einblatt

*Ficus elastica* – Gewöhnlicher Gummibaum

*Radermachera sinica* – Radermachera

*Syngonium podophyllum* – Purpurtute

*Dieffenbachia seguine* – Dieffenbachie

LEBENSWELT TRADITION

# Beliebte blühende Begleiter

Das kleine Väschen mit ein paar frischen Blumen hat man gerne auf dem Tisch. Manchmal aus dem Garten, sonst aber der mitgebrachte Strauß beim letzten Kaffeeklatsch. Täglich wird das Wasser gewechselt und Verblühtes entfernt. Und bis zur letzten Blüte wird jedem Teil liebevolle Beachtung geschenkt. In der Ecke auf dem Biedermeier-Schränkchen finden sich ein paar Seidenblumen. Die große Bodenvase wird stets mit frischen, langen Blüten gefüllt. Im Herbst mit wunderbaren Sonnenblumen, Chrysanthemen oder Gladiolen, im Frühling mit Narzissen oder Lilien. Mal ein Kränzchen auf dem Tisch oder an der Wand rundet jahreszeitlich entsprechend den Blütenschmuck in der guten Stube ab.

### Beliebte Blüten: Die liebenswerten Altbekannten

- *Achillea millefolium* – Schafgabe
- *Aconitum carmichaelii* – Eisenhut
- *Alstroemeria Cultivar* – Inkalilie
- *Astilbe x arendsii* – Prachtspiere
- *Chrysanthemum x grandiflorum* – Chrysantheme
- *Dianthus caryophyllus* – Nelke
- *Erysimum cheirii* – Goldlack
- *Freesia Cultivar* – Freesie
- *Helianthus annuus* – Sonnenblume
- *Hippeastrum Cultivar* – Ritterstern
- *Lilium Cultivar* – Lilie
- *Matthiola incana* – Levkoje
- *Narcissus Cultivar* – Narzisse
- *Solidago Cultivar* – Goldrute

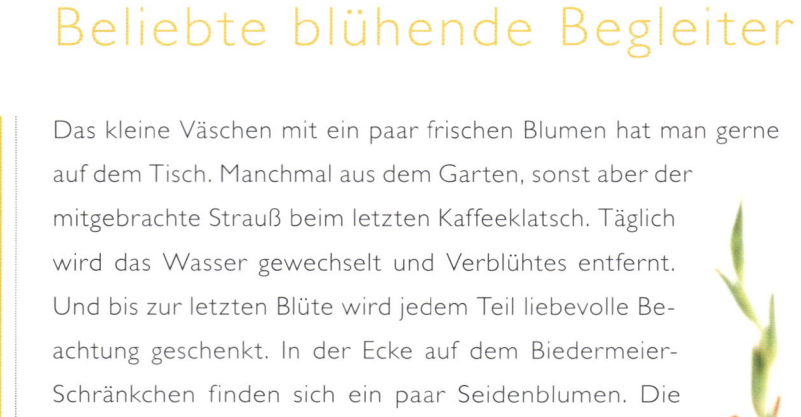

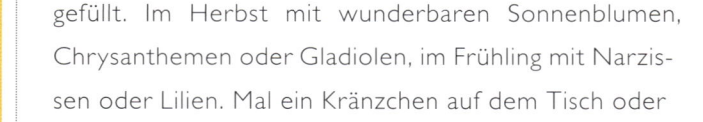

83

LEBENSWELT TRADITION

# Ihre treuen Outdoor-Begleiter

Mit der gleichen Sorgfalt wie drinnen, wird auch die Blütenpracht im Freien rund ums Haus, auf Balkon und Terrasse bedacht. Wo es sich anbietet, stehen Gefäße mit den liebevoll zusammengestellten Bepflanzungen. Am Eingang begrüßt ein Ensemble mit Sommerlinde, die übern Sommer draußen stehen darf. An den Balkongeländern hängen Pflanzkästen, die zur sommerlangen Freude werden. Darin auch Geranien, die schon der Vater kultiviert und immer wieder durch den Winter gebracht hat. Am Dachüberstand der Gartenlaube hängen die Blütenampeln, die sich nie über ausbleibende Wasser- oder Düngegaben beschweren könnten. Jede Ecke wird von den passionierten Hobbygärtnern bedacht. Schließlich will man an lauen Sommerabenden beim Grillen oder bei sommerlichen Kaffeestündchen die Pracht des steten Hegens und Umsorgens genießen. Großer Wert wird auf die eine oder andere Figur gelegt – ein Frosch aus Metall auf dem Balkon oder am Miniteich im Schrebergärtchen, eine bepflanzte Schubkarre auf dem sorgsam gemähten Rasen oder ein getöpferter Igel am Steingartenhang. In der Sitzecke mit dem runden Gartentisch unter der Pergola leuchten die bunten Sitzpolster, die sorgsam allabendlich wieder ins Trockene verstaut werden.

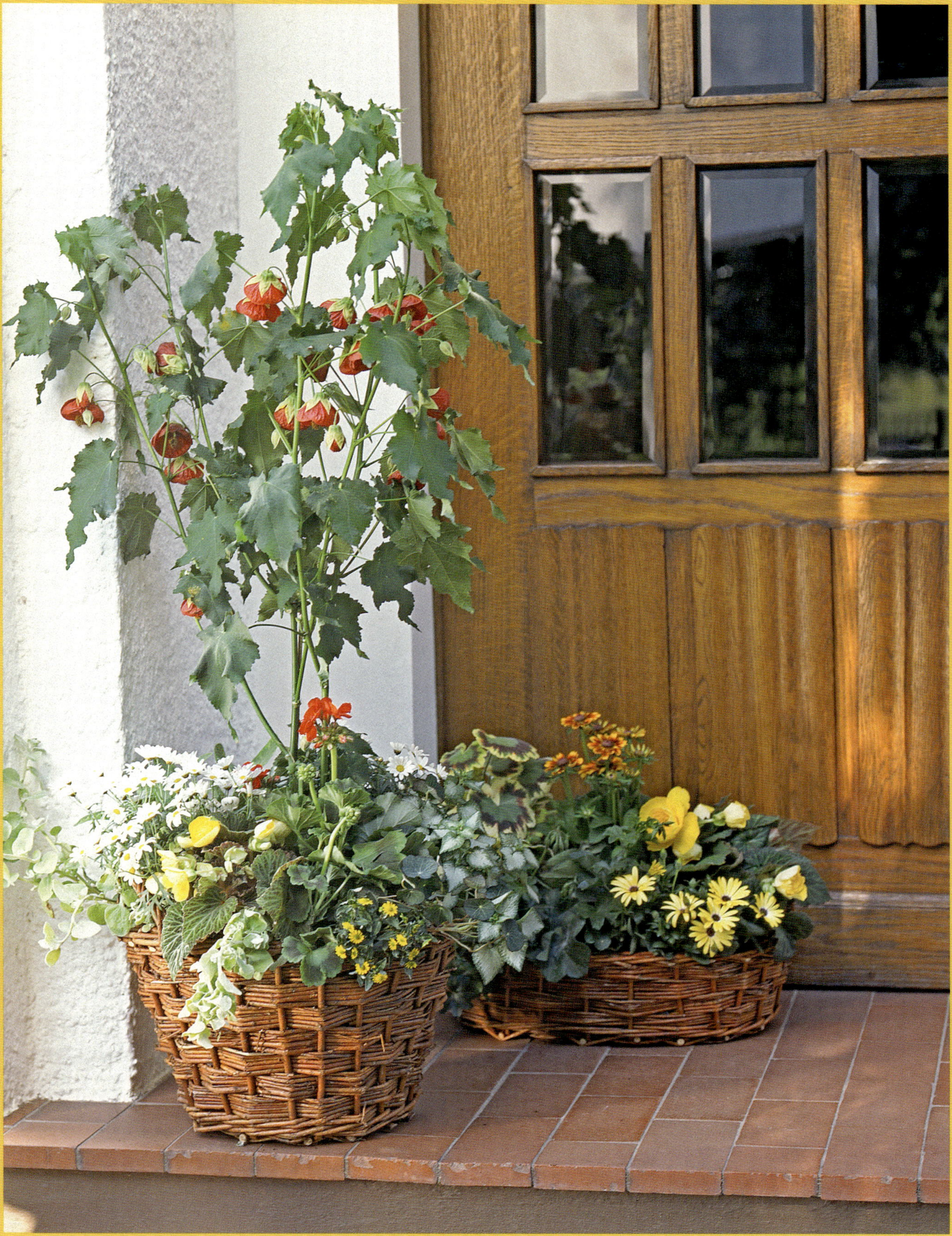

LEBENSWELT TRADITION

# Ihre möglichen Outdoor-Begleiter

### DIE TREUEN IMMERWIEDERKEHRENDEN

Pflanzen, die meist durch Überwinterung eine lange Lebensdauer aufweisen, aufgrund von Knollen, Zwiebeln oder Verholzungen.

*Fuchsia Cultivar* –
Fuchsie

*Hyacinthus orientalis* –
Hyazinthe

*Pelargonium Cultivar* –
Stehende Geranie

*Begonia Cultivar* –
Knollenbegonie

*Chrysanthemum x grandiflorum* –
Gartenchrysantheme

### DIE DUFTENDEN SCHÄTZCHEN

Pflanzen, die auch den Duftsinn ansprechen, vielblütig sind und durch Liebreiz begeistern.

*Convallaria majalis* –
Maiglöckchen

*Myosotis sylvatica* –
Vergissmeinnicht

*Phlox douglasii* –
Polsterphlox

*Genista canariensis* –
Ginster

*Armeria maritima* –
Grasnelke

*Dianthus chinensis* –
Kaisernelke

*Chrysanthemum* Cultivar –
Topfchrysantheme

## DIE LIEBGEWONNENEN

Pflanzen, die man schon zeitlebens kennt und immer wieder gerne sieht.

*Aster novi-belgii* –
Glattblatt-Aster

*Calceolaria Cultivar* –
Pantoffelblume

*Erica gracilis* –
Glockenheide

*Petunia Cultivar* –
Petunie

*Helianthus annuus* –
Sonnenblume

Alles was Langlebigkeit im Outdoor-Pflanzenbereich aufweist, ist in dieser Lebenswelt zu finden. Robustes Wachstum einerseits, umsorgende Pflege andererseits, führt dazu, dass sich auch mal ein an Jahren altes Liebhaber-Schätzchen finden lässt.

LEBENSWELT JOY

# Die Lebenswelt
# für unkonventionelle Stilmixer

Leben und leben lassen ist das Motto. Mit Freunden genießen, Feste feiern, die Welt umarmen, darauf konzentriert man sich, das bestimmt den Tag. Man lebt am Puls der Zeit, „on the move", alles ist in Bewegung. Vergangenheit und Zukunft trifft sich im Jetzt und das bestimmt die Lebenseinstellung und das Lebensumfeld. Ein kunterbunter Mix der Stile, ein unkonventionelles Miteinander von Liebgewonnenem, unabhängig davon ob es alt oder ultra neu ist. Ob Youngtimer oder Oldtimer im Carport, gerade beim Automobil gibt man sich alles andere als bürgerlich. Das, was gefällt, ist gerade recht, man lebt sich in allem und jedem aus und bestimmt damit seinen ganz eigenen Stil. Durch neue Medien ist man immer mit der globalen Welt verbunden. Man ist was, aber im Wesentlichen für sich selbst. Was die anderen darüber denken, ist egal. Stilistische Toleranz, ein Hauch Multikulti, eine Prise Kitsch, sowie das Sprengen jeglicher Konventionen, das prägt die Lebensphilosophie der unkonventionellen Stilmixer.

LEBENSWELT JOY

## So wohnen unkonventionelle Stilmixer

Sie passen in keine Schublade, denn sie pflegen ihren ganz eigenen Stil. Sie kombinieren frech und unbekümmert und immer mit dem Quäntchen Humor dabei. Das Secondhand-Geschäft ist genauso Einkaufsquelle wie der hypermodische Trendshop im Szeneviertel. Zum selbst gehäkelten Top trägt man Rüschenbluse, Stilettos, Söckchen und den Supermini. Die Tasche kann gar nicht bunt genug sein, ein bisschen Manga, ein bisschen Prilblumenoptik: der Mix zwischen den Seventies und dem 21. Jahrhundert ist gewollt. Experimentierfreudig kombiniert man Omas karierte Küchenschürze mit dem witzigen Plastikgeschirr. Nicht nur der Lebensstil, auch die Accessoires und Möbel sind bei diesen Patchwork-Liebenden der stilistische Flickenteppich par excellence!

Das hippe Trendblatt ist ebenso Lektüre wie der Börsenticker oder die underground-Postille aus dem Selbstverlag. Ob mit fixem Traumgehalt oder freischaffend und ohne Sicherheiten, meist geht man einem kreativ ausgerichteten Job nach, die Kinder erziehen sich im Kinderladen. Nach dem Indien-Trip macht man jetzt Urlaub auf den Malediven oder im Ferien-Camp auf La Gomera. Die Accessoires zu Hause zeugen von diesem spaß-orientierten Jetset-Leben. Neben der Shiwa-Büste aus Marmor prangt das Aborigines-Instrument, aber auch die zur Garderobe umfunktionierte Heuharke aus dem Schwarzwald.

LEBENSWELT JOY

## Das grüne Lebensumfeld der unkonventionellen Stilmixer

Mit Pflanzen umgibt man sich nur, insofern sie hipp und cool sind. Schräg und „anders" müssen sie sein, sei es durch ihre auffällige Blattzeichnung oder -färbung, durch die ungewöhnlichen Blüten oder durch ihre gedrehte wie gepfropfte Form. Neben allem hat aber auch ein „Klassiker" eine Überlebenschance, im frechen, schrillen Übertopf macht er gleich eine ganz andere Figur. Weder farblich noch stilistisch legt man sich fest. Uni und Gemustertes wird frei kombiniert, moderne, mundgeblasene Glasgefäße in Überfangtechnik stehen neben solchen vom Trödel oder witzigem Kunststoffdesign. Man liebt die Pflanzen, sofern sie ins individuelle Bild passen, da darf's auch mal was ganz Exotisches sein.

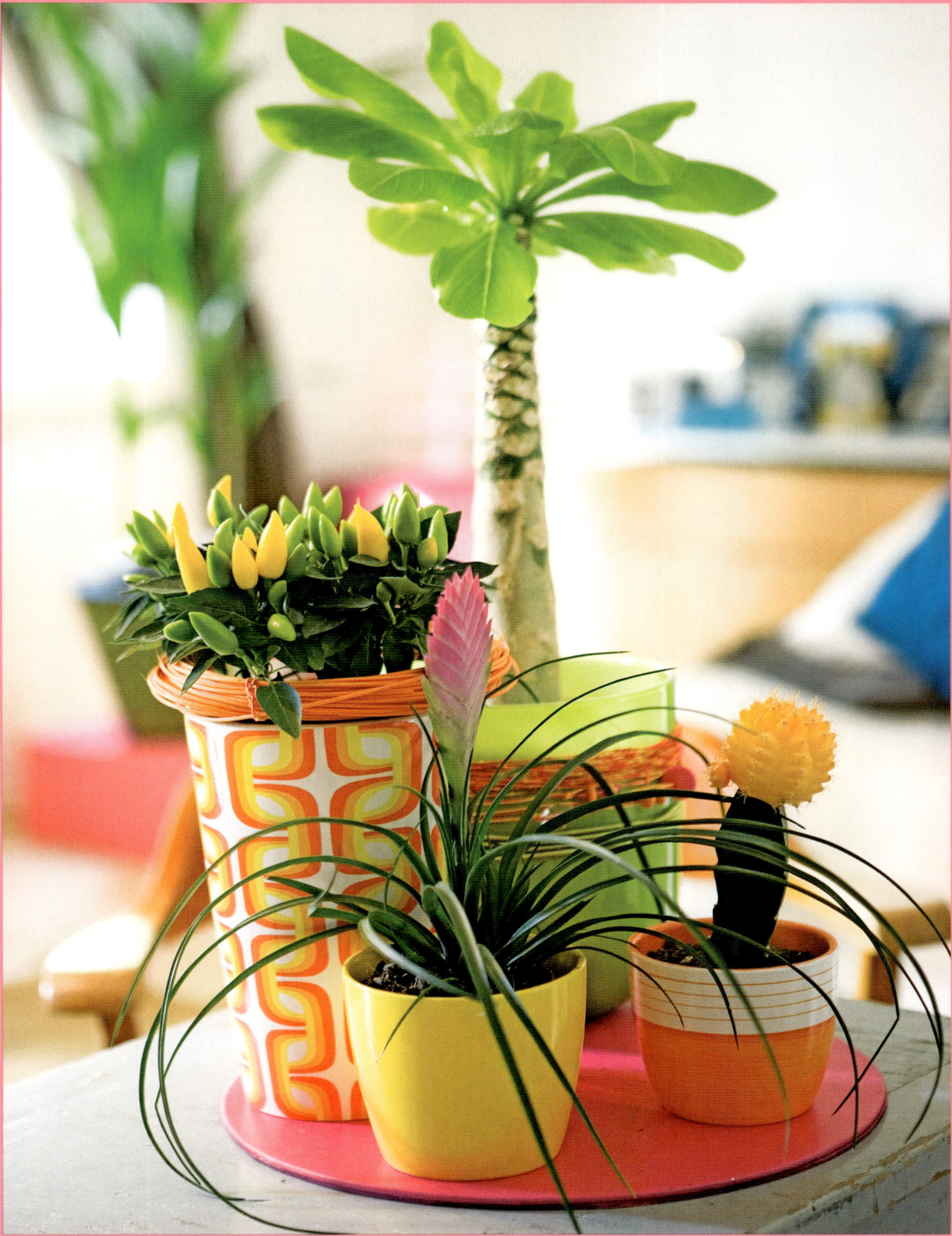

LEBENSWELT JOY

# Ihre möglichen grünen Begleiter

## DIE UNKOMPLIZIERTEN EXOTISCHEN

Pflanzen mit ungewöhnlichem, exotisch anmutendem Auftritt und ohne große Pflegeansprüche.

*Tillandsia cyanea –*
Tillandsie

*Ananas comosus –*
Ananas

*Nepenthes Cultivar –*
Kannenpflanze

*Phoenix canariensis –*
Kanarische Dattelpalme

*Vriesea splendens –*
Flammenschwert, Vriesee

*Sarracenia minos –* Hütchen-
Schlauchpflanze, Sarrazenie

## DIE WITZIGEN

Pflanzen mit auffälligem Habitus oder ungewöhnlichen Blüten- oder Blattformen.

*Codiaeum variegatum var. pictum –*
Wunderstrauch

*Calathea roseopicta –*
Korbmaranthe

*Peperomia caperata –*
Zwergpfeffer

*Aphelandra squarrosa –*
Glanzkölbchen

*Begonia Cultivar –*
Königsbegonie

## DIE VERDREHTEN

Pflanzen mit gebaut wirkenden Trieben oder verfremdetem Wuchs, meist verdickt und zum Teil sukkulent.

*Sansevieria cylindrica* – Bogenlauf

*Brighamia insignis* – Vulkanpalme

*Echinocatus grusonii* – Schwiegermuttersessel

*Gymnocalycium mihanovichii* – Gepfropfter Kaktus, Erdbeerkaktus

*Pachira aquatica* – Rasierpinselbaum

*Astrophytum myriostigma* – Bischofsmütze

LEBENSWELT JOY

# Beliebte blühende Begleiter

**Beliebte Blüten: Die kecken Interessanten**
- *Amaranthus hypochondriacus* – Fuchsschwanz
- *Banksia coccinea* – Banksie
- *Celosia argentea var. cristata* – Federbusch-Celosie
- *Chelone obliqua* – Schlangenkopf
- *Cynara cardunculus* – Wilde Artischocke
- *Eucomis comosa* – Schopflilie
- *Gerbera jamesonii* – Gerbera
- *Gloriosa superba 'Rothschildiana'* – Ruhmeskrone, Gloriose
- *Grevillea 'Spiderman'* – Silbereiche
- *Heliconia rostrata* – Hängende Hummerschere
- *Liatris spicata* – Prachtscharte
- *Musa laterita* – Zierbanane
- *Physalis alkekengi* – Lampionblume
- *Protea repens* – Zucker-Protee

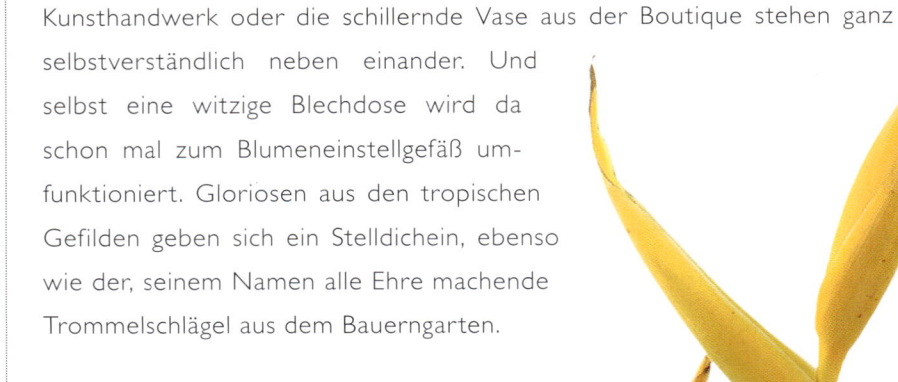

Blumenschmuck ist beliebt, je witziger und frecher, desto besser. Ganz erfinderisch ist man bei der Vasenzusammenstellung. Was Oma noch mit Respekt aufgrund edelstem Material behandelte, wird jetzt unbekümmert mit der Blütenpracht befüllt. Die kostbare Lackvase mit asiatischem Intarsien-Kunsthandwerk oder die schillernde Vase aus der Boutique stehen ganz selbstverständlich neben einander. Und selbst eine witzige Blechdose wird da schon mal zum Blumeneinstellgefäß umfunktioniert. Gloriosen aus den tropischen Gefilden geben sich ein Stelldichein, ebenso wie der, seinem Namen alle Ehre machende Trommelschlägel aus dem Bauerngarten.

97

LEBENSWELT JOY

# Ihre unkonventionellen Outdoor-Begleiter

Von allem etwas, so umgibt man sich auch in der Sommeroase. Das Chillen gelingt an allen Orten. Mit dem Lieblingsmobiliar und ein paar pflanzlichen Requisiten hat man sich schnell sein Plätzchen gestaltet. Man ist nicht wählerisch, alt und neu, schick und shabby wird kombiniert, man hat keine Angst vor Farbe und Buntheit. Bunte Blütenpracht wird ergänzt durch attraktiv im Balkonkasten fruchtendes Gemüse, denn rot glänzende Tomaten wirken genauso dekorativ! Die selbsternannten Nonkonformisten sind da ganz pragmatisch und lieben die praktische Lösung. Die skurrile Federbusch-Celosie wird mit grünem Weidegras zusammengepflanzt, Exotisches mit Heimischem, man denkt nicht nur global, sondern kreiert dementsprechend.

99

LEBENSWELT JOY

*Dahlia Cultivar –*
Dahlie, Georgine

# Ihre möglichen Outdoor-Begleiter

**DEKORATIVE GEMÜSEPFLANZEN**

Pflanzen, die als Zierform von Genusspflanzen jetzt im Balkonkasten zum Hingucker werden.

*Brassica oleracea var. acephala –*
Zierkohl

*Physalis alkekengi –*
Lampionblume

*Beta vulgaris subsp. cicla –*
Mangold

*Capsicum annuum –*
Zierpaprika, Spanischer Pfeffer

*Lycopersicon esculentum –*
Tomate

**PFLANZEN MIT KECKEN BLÜTEN**

Pflanzen mit lustigen zweifarbigen oder changierenden Blüten und markanten Zeichnungen sind hier richtig.

*Tulipa Cultivar –*
Tulpe

*Hibiscus rosa-sinensis –*
Hibiskus

*Platycodon grandiflorus –*
Ballonblume

*Papaver nudicaule –*
Islandmohn

*Helichrysum bracteatum –*
Strohblume

*Celosia argenta 'Venezuela' –*
Hahnenkamm

## PFLANZEN ALS HIMMELSSTÜRMER

Pflanzen, die als hohe Staude oder kletternde Blüher hoch hinaus wollen.

*Thunbergia alata* – Schwarzäugige Susanne

*Ipomoea tricolor* – Prunkwinde

*Clematis Cultivar* – Clematis

*Angelonia gardeneri* – Angelonie

*Lobelia splendens* – Lobelie

Altes und Neues kombiniert sich bei diesem Stil im Pflanzenbereich. Manch eine Vertreterin blühte bereits zu Großmutters Zeiten und erlebt in der Lebenswelt Joy eine Renaissance. Oder man kennt sie aus dem Gemüsegarten. Und je nach Kombination gesellt sich hier auch manche Pflanze hinzu, die gleichermaßen in anderen Lebenswelten zu finden ist. Erkenntnis: Auf die Kombination kommt es an!

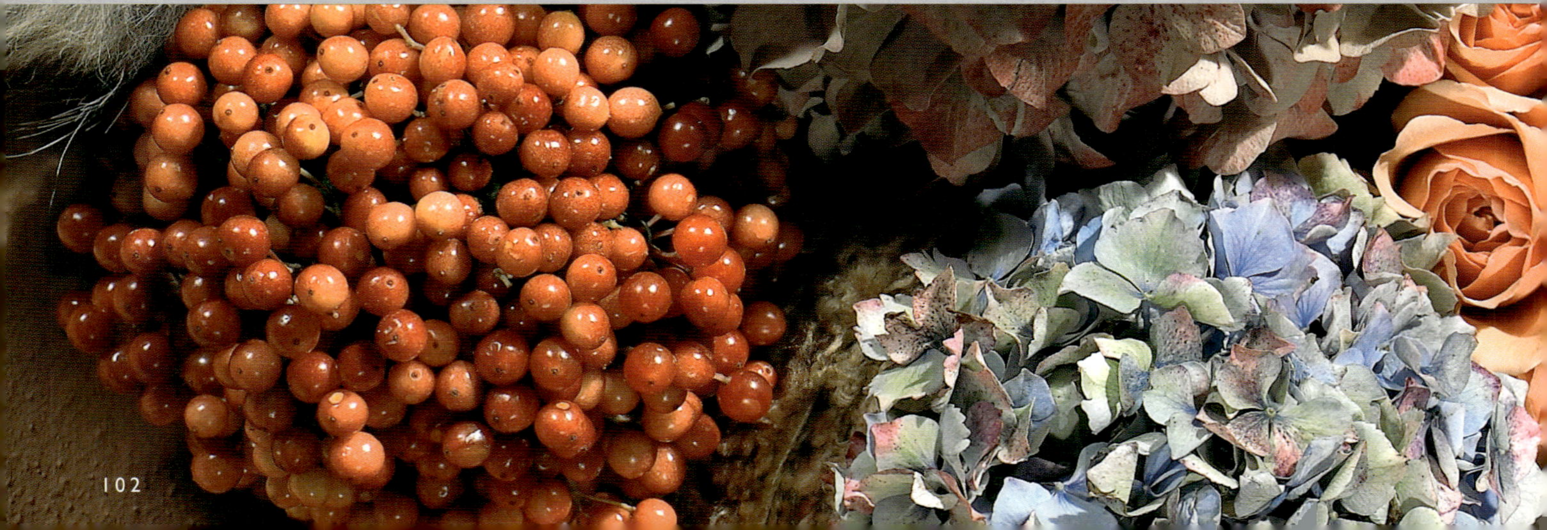

# Lebenswelten und Trends

# Lebenswelten und Trends

**DAS EINZIG BESTÄNDIGE IST DER WANDEL**

Das Denken in Lebenswelten schafft Strukturen und Klarheit bei Produktentwicklung, Sortimentsentwicklung und Warenpräsentation. Lebenswelten sind aber keine statische Einrichtung. Ihre Definition unterliegt im besonderen Maße den wichtigen gesellschaftlichen Veränderungsprozessen, die sich immer wieder im Laufe der Jahrzehnte vollziehen. Diese werden als Mega- oder Gesellschaftstrends bezeichnet. Hierhin gehören Begriffe wie z. B. Globalisierung, Umweltbewusstsein und fairer Handel. Der Begriff Trend kennzeichnet damit gravierende kulturelle Veränderungen und einen gesellschaftlichen (nationalen oder internationalen) Wertewandel.

Oftmals werden aber auch Technik-Spielereien, Saisonphänomene, Kulte und angesagte Produkte als Trends bezeichnet. Dies ist solange für die praktische Arbeit unschädlich, als man sich der Herkunft und der Bedeutung dieser Entwicklung als nur flüchtig, also als eine reine MODEerscheinung, bewusst ist.

**TRENDKATEGORIEN** (nach Horx*, vereinfacht dargestellt)

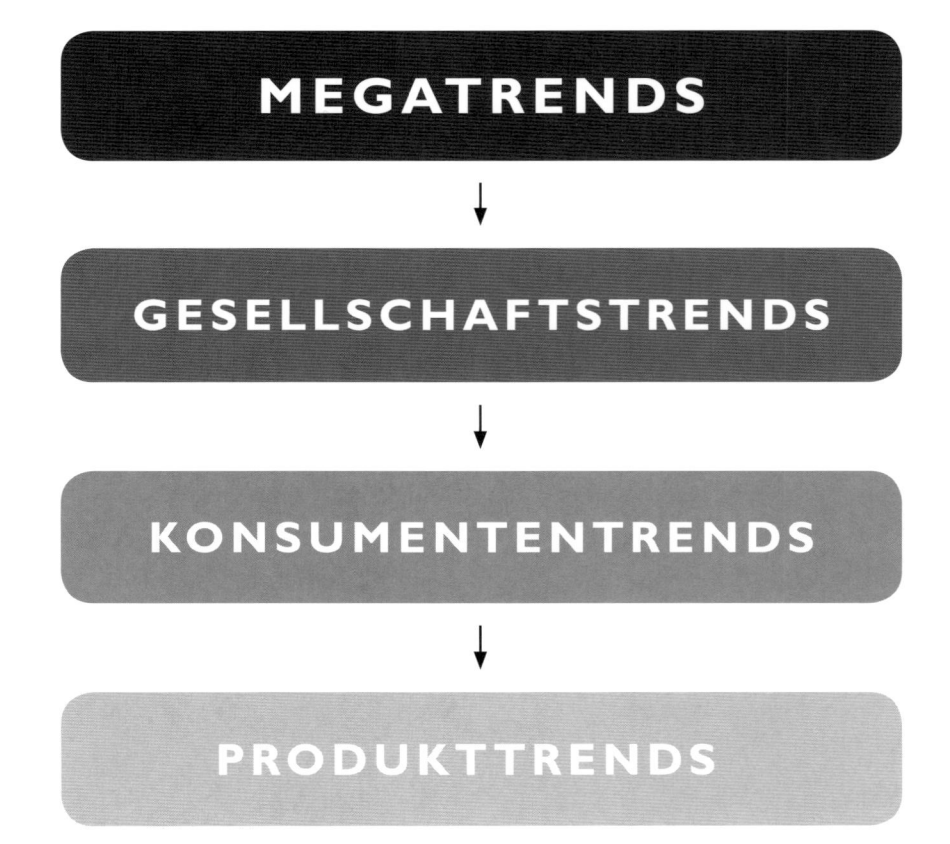

**MEGATRENDS**
↓
**GESELLSCHAFTSTRENDS**
↓
**KONSUMENTENTRENDS**
↓
**PRODUKTTRENDS**

* www.zukunftsletter.de

Für den richtigen praktischen Umgang mit dem Lebensweltenmodell ist die Beobachtung aller Veränderungsprozesse von Bedeutung. Dabei gibt es durchaus Abhängigkeiten zwischen Gesellschafts- und Produkttrends, die dann auch wieder für Produktentwicklung, Sortimentszusammenstellung, Warenpräsentation und Kundenkommunikation von Bedeutung sind. Diese Komplexität ist von vielen Unternehmen im grünen Markt selbst nur schwer zu durchschauen. Entsprechende Informationen sollten aber dennoch sorgfältig zusammengetragen und zumindest so gut wie möglich ausgewertet werden. Übung macht auch hier den Meister.

Gerade im dekorativen Bereich ist die Vorhersehbarkeit von modischen Entwicklungen (also Produkttrends) von großer Bedeutung für das tägliche Geschäft. Liegt man bei Themen, Farben, Formen oder Strukturen falsch, können ganze Sortimente zu Ladenhütern werden.

Dies ist auch für das Arbeiten mit den BLOOM's-Lebenswelten von Bedeutung. Herrschte z. B. in der Lebenswelt MODERN noch vor einigen Jahren Schwarz, Weiß oder Grau vor, hielten danach kräftige farbige Akzente in den Wohnbereich dieser Konsumentengruppe Einzug. Insofern unterliegen Lebenswelten zumindest im Produktbereich einer hohen Dynamik, die durch immer schnellere Sortimentswechsel und Saisoneinflüsse noch beschleunigt wird. Entscheidende Hinweise auf neue Entwicklungen liefert BLOOM's seit vielen Jahren durch entsprechend publizierte Trendaussagen (www.blooms.de).

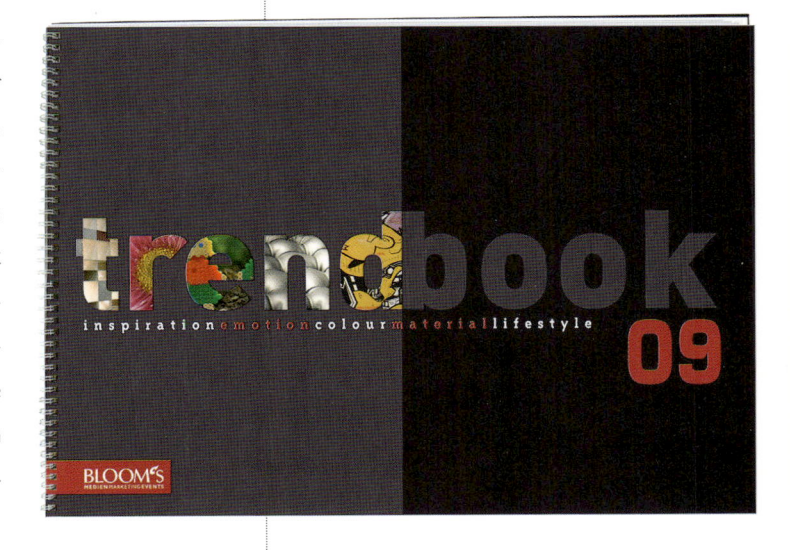

Jährlich gibt BLOOM's das Trendbook heraus, eine Inspiration auf Basis der neuen Trends pro Lebenswelt für Designer und Produktentwickler.

LEBENSWELTEN UND TRENDS

Die Entwicklung bei Blumen und Pflanzen ist nur sehr bedingt in diesem Sinne vorhersehbar. Hier spielt eine Vielzahl von weiteren Faktoren (u.a. Symbolik, persönliche Vorlieben usw.) eine entscheidende Rolle. Das heißt aber nicht, dass man z. B. in einer entsprechenden Lebenswelt-orientierten Warenpräsentation solche modischen Zusammenhänge nicht auch durch die geschickte Kombination von dekorativen Hartwaren einerseits und Blumen und Pflanzen andererseits herstellen könnte. Sind die „großen" Trends (Megatrends, Gesellschaftstrends) als Grundlage erarbeitet, gilt es für die jährliche oder saisonale praktische Planung die einzelnen modischen Strömungen (Produkttrends) zu identifizieren und sie den jeweiligen Lebenswelten zuzuordnen. Zur Strukturierung des eigenen Einkaufs und für die spätere Warenpräsentation ist abschließend die Formulierung griffiger (Konsum-)Themen besonders wichtig.

Für das Jahr 2009 möchten wir diese Vorgehensweise an einem Beispiel verdeutlichen.

**DIE TRENDDARSTELLUNG 2009 FÜR DIE LEBENSWELT MODERN**

**ABGELEITETE LIFESTYLE-INSPIRATION FÜR DIE LEBENSWELT MODERN**

**EIN PRÄSENTATIONSTHEMA FÜR DIE LEBENSWELT MODERN MIT EINKAUFSLISTE**

# DIE FARBEN 2009 FÜR DIE LEBENSWELTEN MODERN, EASY, PRESTIGE UND JOY

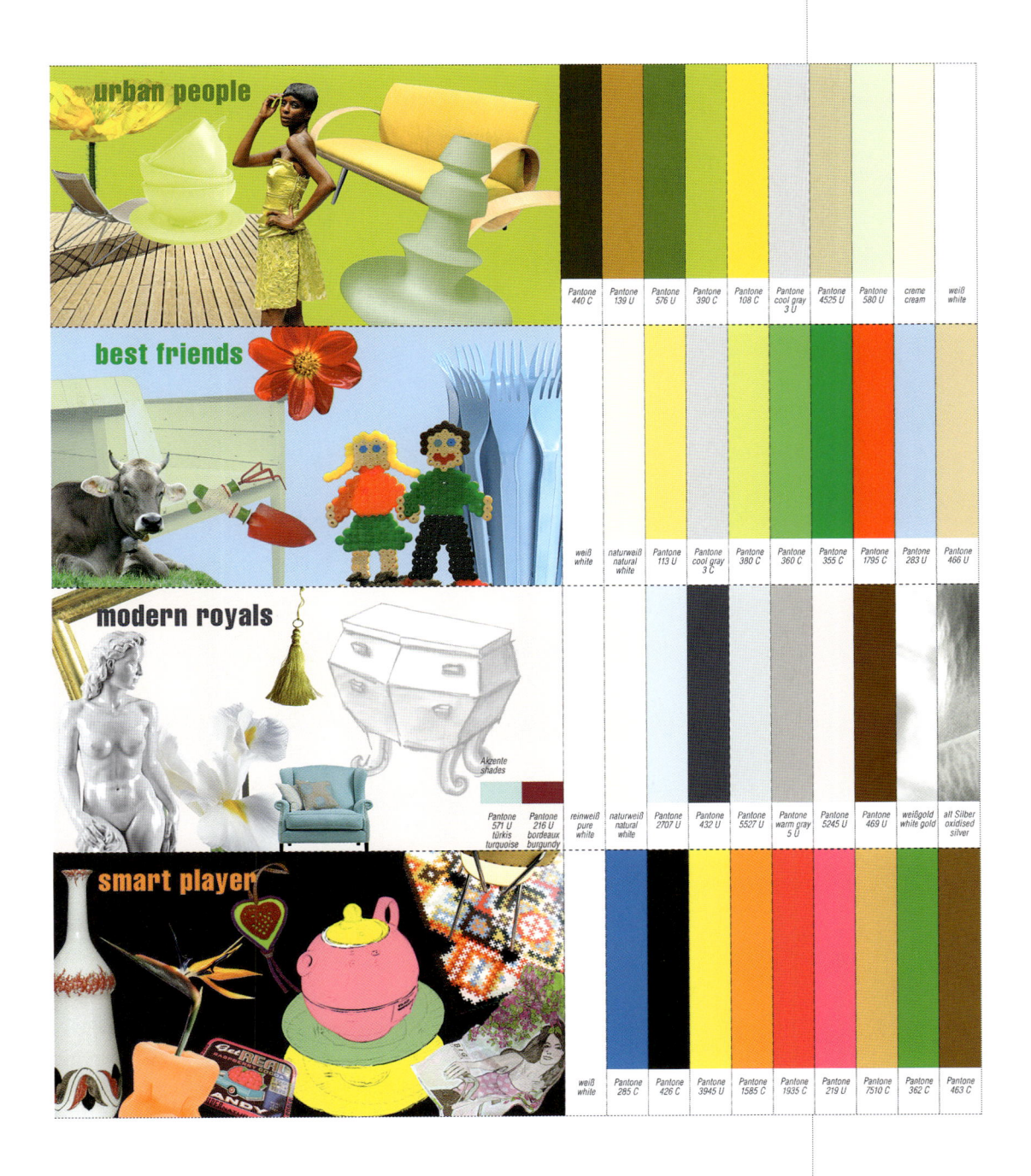

## urban people

| Pantone 440 C | Pantone 139 U | Pantone 576 U | Pantone 390 C | Pantone 108 C | Pantone cool gray 3 U | Pantone 4525 U | Pantone 580 U | creme cream | weiß white |

## best friends

| weiß white | naturweiß natural white | Pantone 113 U | Pantone cool gray 3 C | Pantone 380 C | Pantone 360 C | Pantone 355 C | Pantone 1795 C | Pantone 283 C | Pantone 466 U |

## modern royals

Akzente shades: Pantone 571 U türkis turquoise, Pantone 216 U bordeaux burgundy

| reinweiß pure white | naturweiß natural white | Pantone 2707 U | Pantone 432 U | Pantone 5527 U | Pantone warm gray 5 U | Pantone 5245 U | Pantone 469 U | weißgold white gold | alt Silber oxidised silver |

## smart player

| weiß white | Pantone 285 C | Pantone 426 C | Pantone 3945 U | Pantone 1585 C | Pantone 1935 C | Pantone 219 U | Pantone 7510 C | Pantone 362 C | Pantone 463 C |

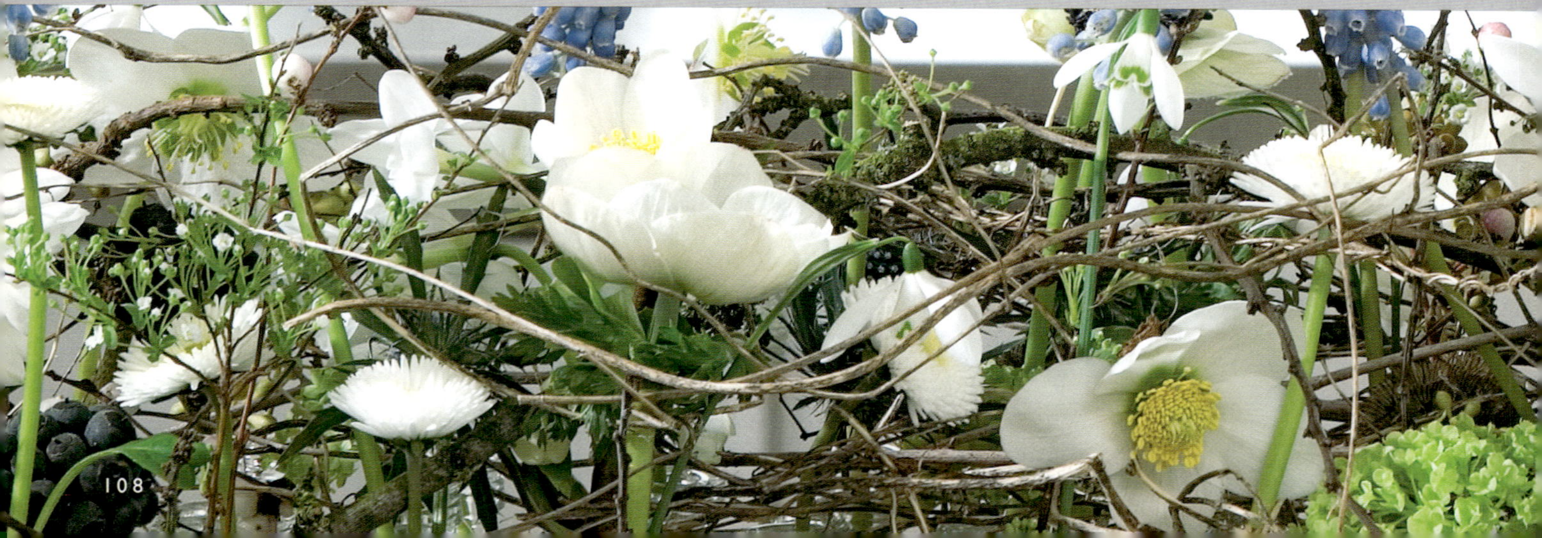

# Warenpräsentation
im grünen Fachhandel

WARENPRÄSENTATION

# Warenpräsentation im grünen Fachhandel

**ZEIG' MIR, DASS DU MICH VERSTEHST**

Warenpräsentation ist nichts anderes als die stille Kommunikation mit dem Kunden: „Ich habe hier etwas, was Du suchst oder brauchen könntest."

Wer überzeugend kommunizieren will, muss auch etwas zu sagen haben. Dabei müssen die Aussagen so klar und deutlich sein, dass man verstanden wird. Nur so wird man die Aufmerksamkeit seines Gegenübers gewinnen und überzeugen können. Dies gilt auch und vor allen Dingen für die Warenpräsentation. Visuelle Botschaften – gegenständlich, bildlich oder als Text – ersetzen hier den oft nicht möglichen sprachlichen Austausch.

Vorteil des gärtnerischen Fachhandels: persönliche und fachkompetente Beratung durch den Gärtner-Fachmann. Allerdings gilt es auch, diese Vorteile – im Vergleich zum branchenfremden Anbieter von Blumen und Pflanzen – dem Kunden zu kommunizieren, wie beispielsweise „Gärtnerqualität" und „Hier werden Sie vom Fachmann beraten!"

Die Botschaft der Warenpräsentation kann sehr einfach sein oder eben auch eine höhere Komplexität aufweisen. So gibt ein massives Angebot von Beet- und Balkonpflanzen den unmissverständlichen Hinweis auf Arten- und Sortenvielfalt und damit auf eine zufrieden stellende Auswahl. Zusätzliche Botschaften wie beispielsweise „Gärtnerqualität" oder „unschlagbar günstig" kommunizieren weitere Produktpositionierungen in der einen oder anderen Richtung. Das ist sehr simpel und deshalb können es im Prinzip auch alle Anbieter und Handelsformen. Gleichzeitig sind sie auch Beispiel für den Kompetenzanspruch des Betriebes.

Beet- und Balkonpflanzen im bepflanzten Kasten oder Kübel präsentiert und mit Hinweisen auf den geeigneten Standort ergänzt, wecken den Wunsch nach genau diesem Ensemble und ermöglichen Zusatzverkäufe.

In einem weiteren Schritt lassen sich diese mit Gartenmöbeln und anderen Outdoor-Accessoires in einer Kalthallen- oder geschützten Außenpräsentation in Verbindung setzen. Hier hilft jetzt das Wissen um Lebenswelten und die aktuellen Trends. Unterstützt wird diese Form der Präsentation durch abgestimmte visuelle Botschaften (Hintergründe oder textliche Aussagen).

Noch wesentlicher komplexer aber eben auch entsprechend feiner und überzeugender lassen sich solche Warenpräsentationen für den Indoor-Bereich erstellen, da hier die Wetterunabhängigkeit größere Spielräume bei der Produktzusammenstellung ermöglicht.

Für den Blumenfachhandel gelten entsprechende Abläufe. Hier dient vor allem das Schaufenster als Visitenkarte des Geschäftes. Nicht die Masse an unterschiedlichen Produkten strahlt Kompetenz aus, sondern die Klarheit der Botschaft. Es kommt darauf an, die Bedürfnisse der Kunden zu erkennen und dies in einer Schaufenster- bzw. Warenpräsentation auch deutlich zu machen. Auch auf noch so kleinen Verkaufsflächen bleibt immer genug Raum für die Darstellung kleiner, runder Themen.

Eine solche Arbeitsweise kostet Zeit und damit Geld. Oft ist zu hören, dass der Kunde heute nicht mehr bereit ist, dafür mehr zu bezahlen. Wir stimmen dem nicht zu. Zwar muss man gerade bei preissensiblen Produkten (Eckpreisartikeln) die eigene Wettbewerbsfähigkeit jeden Tag aufs Neue unter Beweis stellen. Jenseits dessen bleiben aber alle Möglichkeiten offen. Vorausgesetzt, dem Kunden wird die Gesamtstrategie deutlich. Nur zögerliche Versuche („Wir probieren das einmal im Kleinen aus") hinterlassen eher Schaden. Denn hierdurch begibt man sich in einen gefährlichen Graubereich. „Weder Fisch noch Fleisch", die Kundenmeinung ist der Anfang vom Ende.

Kaufanregend wirken stimmungsvolle und die Wohnwelt charakterisierende Warenpräsentationen. Wohnaccessoires, wie Möbel, können diese andeuten.

Das Schaufenster ist die Visitenkarte des Geschäftes. Der erste Eindruck entscheidet, ob der Verbraucher sich hiervon angezogen fühlt.

WARENPRÄSENTATION PRESTIGE

## So präsentieren Sie für die Lebenswelt Prestige

Prestige-orientierte Menschen sind immer offen für schöne Dinge. Sie lieben den Luxus und freuen sich über entsprechende Beratung. Was ungewöhnlich und besonders ist, wird gerne heim getragen. Eine leicht mediterrane, landhäusige Komponente wird geschätzt und von einem wertigen Produktangebot lässt man sich ansprechen. Aufbauten können klassisch, symmetrisch sein, ideal ist die Andeutung eines Wohnambientes.

## Rosa Blütenschönheiten für Zuhause

Ein wenig Luxus muss angedeutet werden, durch die Zusammenstellung wertiger, besonderer Pflanzen, durch die Herausstellung einzelner Prachtexemplare, durch passende farbliche Abstimmung und die Andeutung von

Wohnambiente. Selbst im Kleinen kann mit ein paar Heimtextilien, schönen Gefäßen und einigen ausgewählten Accessoires Wohnatmosphäre angedeutet werden, wie bei der Kopfpräsentation oben rechts zu sehen. Darunter finden sich Zimmerpflanzen in abgestimmten Farben und gewisser Menge zum Auswählen. Die Warenträger dürfen sachlich aber nicht technisch, praktisch aber nicht simpel, uni aber nicht stimmungslos sein. Das spricht an, das wirkt kaufanregend, hier holt man sich die Zutaten für ein schöneres und blühendes Zuhause.

## Toskana lässt grüßen

Urlaubsatmosphäre hilft verkaufen. Die Erinnerung an schöne Zeiten in der Toskana können schnell durch passende Warenträger, wie einen gusseisernen Tisch mit Marmorplatte und dazu mediterranen Pflanzen in ausgewählten, amphorenähnlichen Gefäßen, geschaffen werden. Auf gute Materialabstimmung ist zu achten, soll's themenstimmig sein. Ideal ist ein werblich-textlicher Eyecatcher wie beispielsweise „Prächtige Zeiten" in geschwungener, edler Schrift.

*Prächtige Zeiten*

# Sommeraktion: Urlaubsfeeling

Auch Terrakotta-Gefäße und -accessoires lassen sich unter dem Urlaubsthema anbieten. Ein Verkaufswagen erhält durch eine Bastmatte häuslichen Charakter, das wirkt als Eyecatcher. Üppige Blütenpracht und klassischen Formen locken luxusorientierte Kundschaft.

WARENPRÄSENTATION MODERN

## So präsentieren Sie für die Lebenswelt Modern

Sie lieben es klar und übersichtlich, schlicht und gestylt. Laden- bzw. Warenpräsentationen sollten deshalb gut strukturiert sein, die Produkte geblockt darstellen und lieber von Wenigem mehr zeigen als umgekehrt. Die Warenträger sollten kubisch gehalten sein, die Raumaufteilung gradwinklig und einfarbig. So erregen Reduktion und Plakativität die Aufmerksamkeit modern eingestellter Kunden für das wertig wirkende Sortiment.

## Frühling – elegant gestylt

Die gradlinige, symmetrische Warenpräsentation zeigt die Waren geblockt oder in Reihung. Es wird lediglich eine Pflanze präsentiert in verschiedenen, schlichten, aber einheitlich naturweißen Gefäßen.

Moderne Verbraucher lassen sich über monothematische Themen und eine sachliche Darstellung ansprechen, so auch bei den Schnittblumen, wo man sich auf eine Pflanzenart konzentriert hat.

WARENPRÄSENTATION MODERN

PFLEGELEICHT für Großstadtpflanzen

## Grün für Städter

Diese Warenpräsentation spiegelt ein reduziertes, fast puristisch eingerichtetes Wohnambiente der Verbraucher aus der Lebenswelt Modern wider.

Dazu gehören kastige bzw. rechteckige Formen, die Beschränkung auf wenige Farben sowie auf wenige aber typische Möbel. So kann das Produktsegment „pflegeleichte Zimmerpflanzen" stimmungsvoll präsentiert werden, unterstützt durch das große, schlichte Plakatmotiv, das als Eyecatcher dient. Das Thema „Pflegeleicht für Großstadtpflanzen" wirkt damit im doppeltem Sinne und spricht an.

# Red Power

Wenn auf Farbe gesetzt wird, dann auf eine – und das entschieden. Kombiniert mit der „Nicht-Farbe" Schwarz repräsentiert der klar strukturierte Warenpräsenter das Hartwarenangebot der Lebenswelt Modern. Passende Pflanzen werden in einem zweiten Warenträger zu mehreren geblockt angeboten. Dazu gibt's einige gezielt ausgewählte, schlicht-grafische Accessoires. Wichtig: Auch Hintergrund und Fußboden sind farblich angepasst – ganz farbkonsequent und themenstimmig!

WARENPRÄSENTATION EASY

# So präsentieren Sie für die Lebenswelt Easy

Bunt und fröhlich, hell und freundlich. So lieben sie es. Wer Laden- und Warenpräsentationen farbenfroh, heiter dazu mit markanten Eyecatchern versieht, wird die familienorientierte Klientel ansprechen. Ein bisschen ländliche und vom Nordischen inspirierte Anklänge dürfen sein. In jedem Fall sind helle Töne gefragt. Ideal: thematische Ansätze, wie eine ganze Outdoor-Szenerie für das sommerliche Leben draußen, Kräuter- oder Geschenk-Themen.

## Sonnenschein-Plätzchen

So sieht ein sonniges Outdoor-Plätzchen aus! Denn hier lockt die Sonnenfarbe. Wer so stimmungsvoll in hellen, fröhlichen Farben Mobiliar und Bepflanzungsideen präsentiert, ist sich der Beachtung familienorientierter Kunden sicher. Das lockt alle Outdoor-Fans!

## Aktion: Li-La-Gute Laune-Zeit

Menschen, die den unkomplizierten Easy-Stil leben, setzen auf Farben. Deshalb kommen Produktwelten, orientiert an einer trendigen Farbe, gut bei dieser familienorientierten Kundschaft an. Und: sie lieben Convenience! Deshalb sollten zu den Blütenpflanzen noch die passenden Gefäße präsentiert werden. Dann greifen die Easy-Menschen gerne zu.

# Lönneberga lässt grüßen

Wünsche wecken und Bedürfnisse decken. Ob als nette Geschenkidee oder für das eigene Heim. Die jungen Familien brauchen immer mal ein kleines Geschenk, für den Nachmittags-Treff oder als Dankeschön fürs Babysitten. Alles rund um den Tisch im niedrigen bis mittleren Preissegment, von der hübschen Serviette bis zum kleinen Blütengesteck – solche Präsente wehen frische, heitere Nordsee-Brise ins Haus. Mehrere Ideen jeweils in kleinerer Mengenpräsentation gezeigt, das spricht an, da greift man gerne zu. Denn Zeit, um lange auszusuchen, hat man nicht, deshalb sollte alles mitnahmegerecht sein!

# Frühlingserwachen auf dem Lande

Gesund soll's sein, nicht nur wenn's um Kräuter und Genussmittel geht, sondern auch übertragen auf das Dekorative. Wer die Easy-Lebenswelt mit einfachen, ländlich inspirierten Produkten ansprechen möchte, sollte auf helle Farben und klare Warenpräsentationen achten. Da ist ein Hellholzregal passend, das übersichtlich die kleinen, frühlingshaften Pflanzenideen in Auswahl präsentiert. Aber auch Gesundheitsthemen wie „Pure Lust: Kräuter-Allerlei" sprechen an, denn Landleben entspricht Easy-Leben.

WARENPRÄSENTATION TRADITION

# So präsentieren Sie für die Lebenswelt Tradition

Die gute alte Zeit schwingt bei Präsentationen für die Traditionalisten ein wenig mit, wenn es um ansprechende und kaufanregende Präsentationen für diese Zielgruppe geht. Bekannte, heimische Materialien, vom Erntekorb bis zu Klinkersteinen in warmen Farben und zuweilen rustikalen Optiken, gehören dazu. Man pflegt die traditionellen Feste, so dass diese bereits Themen für entsprechende Warenpräsentationen ergeben.

## Spektakulär: Die Herbstaktion

Halloween ist den Traditionalisten ein Greuel, aber der Kürbis vor der Haustür und dazu die bunten Herbstpflanzen im Erntedank-Stil sind Selbstverständlichkeiten. Die thematische Warenpräsentation sollte Übersichtlichkeit und die bekannten Herbstfarben bieten. Holzkisten ergänzen als vertraut wirkende, rustikale Warenpräsenter.

# Aktion Herbstleuchten mit Chrysanthemen

Die Lebenswelt Tradition setzt auf Vertrautes. Das Material schafft die Atmosphäre: Backsteine für den Fußboden, eine Holzpaneele als Rückwand und passende Gefäße, schon ist ein rustikales, traditionelles Ambiente erreicht. Kürbisse symbolisieren den Herbst.

WARENPRÄSENTATION TRADITION

## Schöner draußen

Auch bei kleinsten thematischen Warenpräsentationen sollte für die traditionelle Zielgruppe auf Vertrautes gesetzt werden. Holzkisten, eine gartenzaunähnliche Verkleidung des Präsenters, dazu rustikal-ländliche Gefäße, hiervon fühlen sich konservative Verbraucher angesprochen. Im Sommer sollten Bepflanzungsbeispiele für Balkonkästen nicht fehlen oder ein gutes Angebot an Hängepflanzen. Warum nicht mal im Korb? Auch Türkränze passen immer sowie ländliche Trockenfloralien.

# Das Herz für schöne Schenk-Anlässe

Traditionalisten pflegen traditionelle Schenkanlässe. Deshalb bietet sich dies als thematische Präsentation an. Ob Valentinstag, ein Jubiläum oder für den Kegel-König: Herziges ist immer dabei. Mit Eyecatcher in Herzform, passend ummanteltem Verkaufstisch und einem Höhenaufbau regen Geschenkideen zum Zugreifen und Kaufen an.

WARENPRÄSENTATION JOY

## So präsentieren Sie für die Lebenswelt Joy

Mutig, frech, witzig und farblich gegen alle Konventionen. Das spricht die Joy-Kunden an. Hauptsache ungewöhnlich, unangepasst und auffallend. Durch extrem modische Warenaufbauten, die ein Mix aus Pflanzen und Gefäßen, Accessoires und Wohnelementen darstellen, entsteht die Melange, aus der sich der Multikulti-Kunde bzw. unkonventionelle Stilmixer bedient. Mit Mut und Wagnis ist man hier gerade richtig – und vor allem besonderen Farbkicks.

## Dschungelfieber

Globales spricht an, nur konsequent muss es sein. Warenträger und Rückwände sind farblich auf Dschungelgrün abgestimmt, bunte Bilder und mattenähnliche Wandbehänge verstärken das Feeling. Die Produktwelt aus Wohnaccessoires sollte im stimmungsvollen Mix und kunterbunten Auftritt präsentiert werden.

## Next Generation

Retro und Future, Tradition und Comic. Das muss mutig dargestellt sein! Biederer Teppichboden zu poppig bunten Schränken, Flauschrückwand zu traditionellen Kaktusgesellen. Zentral im Aufbau ein ausgedienter Herd – umfunktioniert zum Pflanzenmobilar! Mix it, ist das Motto!

WARENPRÄSENTATION JOY

# Magic Summer

Das Ungewöhnlichste ist gerade gut genug. „Magic Summer" verspricht viel und hält was er verspricht. Exotische Töne kombiniert mit hellen Farben, das ist der gewünschte Kontrast. Wichtig ist, dass Rückwand und Warenträger farblich angepasst sind, das harmoniert den Stilmix.

# Tropic Poppig

Auf den ersten Blick ganz vertraut, auf den zweiten voller exotischer Raffinessen. Die Zielgruppe Joy liebt das Extreme im Detail. Die exotischen Pflanzen setzen Farbkicks im schlichten weiß-blauen Präsentationsumfeld. Kombiniert man Schlichtes mit Ungewöhnlichem, entsteht die Mixtur, die die Unangepassten anspricht. Dazu gehören jede Menge witziger, passender Accessoires sowie Gefäße, denn den unkomplizierten Mixern kommt es auf die Kombination an. Da bekommen auch bekannte Schätzchen wieder eine ganz neue Chance!

# Hersteller- und Fotonachweise

S. 5 Baum/Hund: Martela; S. 12 Einkaufsstraße: Uwe Steinbrich/pixelio; S. 33 Sessel: Mirabeau; Tisch/Hut: Lederleitner; S. 34 Lampe: Lambert; Sessel: Lambert; Tasche: Brigitte von Boch; Auto: BMW Group; S. 35 Tasse: manwalk/pixelio; Genuss Magazin: Österreichischer Agrarverlag; Einrichtung u.l.: Mirabeau; S. 36 Wohnraum u.l.: Rainer Sturm/pixelio; S. 42 Amphore: Lederleitner; Kübel grau: Mirabeau; S. 47 Wohnzimmer o.: Kölnmesse; S. 48 Sessel braun: Ikea; Vase: Karen Blixen; Sessel grün: Proformshop; S. 49 Lampe: Norman Copenhagen; Wohnraum o.l.: Kölnmesse; Wohnraum o.r.: Behr international; Wohnraum u.r.: Kölnmesse; S. 56 Stuhl: Arper; Holzliege: Viteo; S. 61 Stühle/Vasen o.r.: Weishäupl; S. 62 Warmhaltekanne: Bertine; Tasche: Casa di Stella; S. 63 Küche: Ikea; Garderobe: Ikea; S. 66 Tolmiea menziesii: floradania.dk; S. 70 Gießkanne: Koziol; S. 76 Kuckucksuhr: Bettina Stolze/pixelio; Schuhe: Casa di Stella; S. 77 Wohnraum o.l.: templermeister/pixelio; S. 90 Oldtimer: manwalk/pixelio; Tasche: BMW AG; Schuh: Casa di Stella; S. 91 Wohnraum o.l.: paulepei/pixelio; Wohnraum u.l.: BBH; S. 98 Schuhe: Casa di Stella; S. 100 Beta vulgaris subsp. cicla, Lycopersicon esculentum: www.blu-blumen.de; S. 115 Terrakottatopf: Lederleitner; S. 123 Tafelstecker: Keimzeit Saatgut

Alle anderen Fotos von BLOOM's GmbH.

**Herzlichen Dank allen, die sich persönlich oder aber ihre Wohn- und Lebensräume zum Fotografieren zur Verfügung gestellt haben.**